JOHANNES WÄLDER

Über das Wesen der Versicherung

Schriftenreihe des Instituts für Versicherungswissenschaft
an der Universität Köln

Begründet von Professor Dr. jur., Dr. phil. W. Rohrbeck †
Fortgeführt von Professor Dr. sc. pol. P. Braeß

Neue Folge Heft 27

Über das Wesen der Versicherung

Ein methodologischer Beitrag zur Diskussion
um den Versicherungsbegriff

Von

Dr. Johannes Wälder

DUNCKER & HUMBLOT / BERLIN

Alle Rechte vorbehalten
© 1971 Duncker & Humblot, Berlin 41
Gedruckt 1971 bei Alb. Sayffaerth, Berlin 61
Printed in Germany

ISBN 3 428 02387 0

Inhaltsverzeichnis

Vorwort 9

1	*Das Wesen der Versicherung in der Diskussion des Deutschen Vereins für Versicherungswissenschaft*	11
11	Die Bemühungen der Abteilung für Sozialversicherung im Deutschen Verein für Versicherungswissenschaft	11
11.01	Die Aufgabe der Abteilung	11
11.02	Die Arbeit der Abteilung	12
11.03	Stellungnahme	14
12	Die Bemühungen der Abteilung für Versicherungslehre im Deutschen Verein für Versicherungswissenschaft	15
12.01	Erörterungen zum Versicherungsbegriff von *Alfred Manes*	15
12.02	Ein Colloquium über den Versicherungsbegriff	17
12.03	Die unerwartete Einigung	19
12.04	Stellungnahme	20
2	*Das Wesen der Versicherung in der Literatur*	22
21	Vorbemerkungen	22
22	Zwölf Ansichten aus der Literatur	24
22.01	Der Versicherungsbegriff von *Emanuel Herrmann*	24
22.01.1	Die Merkmale des Begriffs	25
22.01.2	Perspektive und Geltungsanspruch des Begriffs	27
22.02	Der Versicherungsbegriff von *Adolph Wagner*	29
22.02.1	Die Merkmale des Begriffs	29
22.02.2	Die Perspektive des Begriffs	30
22.02.3	Die Geltungsgrundlage des Begriffs	31
22.03	Der Versicherungsbegriff von *Alfred Manes*	33
22.03.1	Die Merkmale des Begriffs	34
22.03.2	Die Perspektive des Begriffs	35
22.03.3	Die Geltungsgrundlage des Begriffs	35
22.03.4	Die Kritik an anderen Definitionen	38
22.04	Der Versicherungsbegriff von *Joseph Hupka*	40
22.04.1	Die Merkmale des Begriffs	40
22.04.2	Die Methode der Begriffsbestimmung	41

22.04.3 Das Ziel der Begriffsbestimmung 42
22.04.4 Die Kritik an anderen Definitionen 43
22.04.5 Die Begründung des Begriffs 44
22.05   Der Versicherungsbegriff von *Bernhard Krosta* 44
22.05.1 Die Merkmale des Begriffs 45
22.05.2 Die Perspektive des Begriffs 46
22.05.3 Ziel und Geltungsgrundlage der Begriffsbestimmung 47
22.06   Der Versicherungsbegriff von *Walter Rohrbeck* 48
22.06.1 Die Merkmale des Begriffs 49
22.06.2 Die Perspektive des Begriffs 52
22.06.3 Ziel und Geltungsgrundlage der Begriffsbestimmung 53
22.07   Der Versicherungsbegriff von *Walter Schmidt-Rimpler* 54
22.07.1 Die Merkmale des Begriffs 55
22.07.2 Ziel und Methode der Begriffsbildung 56
22.07.3 Die Perspektive der Begriffe 58
22.08   Der Versicherungsbegriff von *Paul Riebesell* 58
22.08.1 Die Merkmale des Begriffs 59
22.08.2 Perspektive und Geltungsanspruch des Begriffs 60
22.09   Der Versicherungsbegriff von *Hans Möller* 61
22.09.1 Die Merkmale des Begriffs 62
22.09.2 Die Perspektive des Begriffs 64
22.09.3 Die Methode der Begriffsbestimmung 66
22.10   Der Versicherungsbegriff von *Werner Mahr* 67
22.10.1 Die Merkmale des Begriffs 67
22.10.2 Die Perspektive des Begriffs 69
22.10.3 Die Methoden der Begriffsbildung 70
22.11   Der Versicherungsbegriff von *Hans Gert Lobscheid* 71
22.11.1 Die Merkmale des Begriffs 72
22.11.2 Das Ziel der Begriffsbestimmung 73
22.11.3 Die Perspektiven des Begriffs 74
22.11.4 Die „Betrachtungsweisen" des Phänomens 75
22.12   Der Versicherungsbegriff von *Karl Hax* 76
22.12.1 Die Merkmale des Begriffs 77
22.12.2 Die Perspektive des Begriffs 79
22.12.3 Ziel und Geltungsgrundlage der Begriffsbestimmung 79

23   Zusammenfassung 80
23.01   Die Merkmale 80
23.02   Die Ziele 82
23.03   Die Richtigkeitsgründe 84

		Inhaltsverzeichnis	
3		*Das Wesen der Versicherung im Lichte wissenschaftlicher Methoden*	86
31		Die Rolle wissenschaftlicher Methoden	86
31.01		Die Hoffnung auf die Methodologie	86
31.02		Das Suspekte methodologischer Überlegungen	87
31.03		Das Unentrinnbare bei den Methoden	89
31.04		Das Problem der Methodologie	90
31.05		Die Entscheidung für eine Methode	91
31.06		Die Leistung der (modernen) Methodologie	92
32		Versicherung als platonischer Gegenstand	94
32.01		Die Wesensschau der Essentialisten	94
32.01.1		Das Ziel der Forschung	94
32.01.2		Die (besondere) Methode der Essentialisten	96
32.02		Essentialistische Züge in der Versicherungswissenschaft	97
32.03		Kritik am Essentialismus	101
33		Versicherung als gedankliches Geschöpf	103
33.01		Rechtfertigung des Vorgehens	104
33.02		Charakteristik der Sprachanalyse	106
33.03		Objektsprache und Metasprache	107
33.04		Semantische Analyse	108
33.04.1		Die Bedeutungsfunktion	108
33.04.2		Die Ansätze für die Analyse	109
33.04.3		Zur Verbindung von Zeichen und Gegenstand	109
33.04.4		Zur Analyse des bedeuteten Gegenstandes	110
33.04.5		Die notwendige Identität von Bedeutungen	111
33.04.6		Ein (Um-)Weg zur Identität von Bedeutungen	111
33.04.7		Die Identität von allgemeinen Bedeutungen	112
33.04.8		Die Genesis einer allgemeinen Bedeutung	114
33.04.9		Ergebnisse der Analyse	117
33.05		Die Existenz der allgemeinen Gegenstände	119
33.06		Die Perspektive der Begriffe	121
4		*Ergebnis*	125
Literaturverzeichnis			132

Abkürzungsverzeichnis

Abt.	=	Abteilung
Art.	=	Artikel
Aufl.	=	Auflage
Bd.	=	Band
BVerfG	=	Bundesverfassungsgericht
DVfVW	=	Deutscher Verein für Versicherungswissenschaft
DVZ	=	Deutsche Versicherungszeitschrift
e. Anm.	=	eigene Anmerkung
e. H.	=	eigene Hervorhebung
i. O. g.	=	im Original gesperrt
i. O. k.	=	im Original kursiv
J.	=	Jahr
NJW	=	Neue Juristische Wochenschrift
o. ä.	=	oder ähnliches
o. O.	=	ohne Erscheinungsort
Sp.	=	Spalte
vers., Vers.	=	versicherung(s), Versicherung(s)
VersArch.	=	Versicherungswissenschaftliches Archiv
VW	=	Versicherungswirtschaft
ZfB	=	Zeitschrift für Betriebswirtschaft
ZVersWiss.	=	Zeitschrift für die gesamte Versicherungswissenschaft
(-)	=	Veränderungen des zitierten Originals

Vorwort

Der Deutsche Verein für Versicherungswissenschaft hat sich in den letzten Jahren mit dem Wesen der Versicherung beschäftigt und am Ende eine Definition quasi-parlamentarisch verabschiedet. Was die Beteiligten überlegt und geäußert haben, ist Gegenstand des ersten Kapitels. Ihre Gedanken werden hier wiedergegeben und erörtert, um jene Fragen herauszustellen, denen eine rationale Diskussion um den strittigen Begriff nicht ausweichen darf.

Von diesen Fragen geleitet, wird im zweiten Kapitel Literatur über Begriff und Wesen der Versicherung untersucht. Es geht dabei zunächst weder um Zustimmung für den einen noch um Ablehnung gegen den anderen Autor, sondern allein um eine kritische Bestandsaufnahme. In diesem Sinne interessieren natürlich die Merkmale des Versicherungsbegriffs. Ebenso wichtig sind aber die Ziele, die die Autoren mit ihren Definitionen verfolgen, und die Gründe, die sie für die Richtigkeit ihrer Resultate haben.

Ob es einen Weg gibt, der aus dem bisherigen Dilemma des Begriffsstreites herausführt, ist das Problem des dritten Kapitels. Zu seiner Lösung wird die Wissenschaftstheorie herangezogen und die Rolle wissenschaftlicher Methoden dargelegt. Zwei Methoden werden im einzelnen behandelt: die essentialistische, die den heutigen Zustand zu vertreten hat, und die neopositivistische, die einen Fortschritt in der Diskussion ermöglicht.

Das vierte Kapitel enthält in der Hauptsache eine kurze Zusammenfassung dessen, was sich in dieser Arbeit über das Wesen der Versicherung ergeben hat.

Vielleicht ist es nötig, an dieser Stelle einem Mißverständnis vorzubeugen: Die Ansichten über das Wesen der Versicherung, die im folgenden untersucht werden, lassen sich nicht ohne weiteres von den Autoren trennen, die sie geäußert haben. Es sei darum erklärt, daß es hier in keinem Falle um ein peinliches Verhör der Verfasser geht, sondern nur um eine Klärung des bisherigen Standes der Forschung auf diesem Gebiet. Die Analyse erfolgt in dem Bewußtsein, daß diese Autoren primär das Sachproblem und allenfalls sekundär das wissenschaftstheoretische Grundproblem verfolgt haben und daß den meisten von ihnen das wissenschaftstheoretische Instrumentarium unserer Zeit noch nicht zur Verfügung stand.

> „Ein fruchtbarer Irrtum ... kann für das Wachstum unserer Erkenntnis von größerer positiver Bedeutung sein als eine triviale Wahrheit."
>
> (*Hans Albert*, Modell-Platonismus)

1 Das Wesen der Versicherung in der Diskussion des Deutschen Vereins für Versicherungswissenschaft

Am Anfang einer jeden wissenschaftlichen Arbeit muß nach *Ralf Dahrendorf* eine Tatsache stehen, „die den Forscher erstaunen läßt"[1]. Das ist in diesem Falle der Versuch des Deutschen Vereins für Versicherungswissenschaft, das Wesen der Versicherung zu klären und auf dieser Basis den Versicherungscharakter der sogenannten sozialen Sicherung zu beurteilen. Was ist geschehen?

11 Die Bemühungen der Abteilung für Sozialversicherung im Deutschen Verein für Versicherungswissenschaft

11.01 Die Aufgabe der Abteilung

Es begann damit, daß *Hans Möller* (Hamburg) im Jahre 1959 seine Pläne für eine neue Periode der Vereinsarbeit darlegte. Dabei setzte er u. a. dieses hohe Ziel: Der Verein möge „eine(-) große(-) Konzeption für die Abgrenzung von Privat- und Sozialversicherung" erarbeiten[2]. Das Vorhaben erhielt deutlichere Konturen, als sich die Abteilung für Sozialversicherung des Problems annahm. Nach mehreren Beratungen in der Abteilung[3] gab ihr Vorsitzer, *Kurt Jantz*, im Jahre 1962 ein umfangreiches Programm in Einzelheiten bekannt[4]. Er ging davon aus, daß Privatversicherung und Sozialversicherung im Grunde eigene Lebensräume haben, die sich aber berühren und überschneiden. Daraus resultieren Grenzstreitigkeiten, für deren Lösung eine wissenschaftliche Analyse nützlich sein kann. Seiner Abteilung

---

[1] *Dahrendorf*, Pfade aus Utopia, S. 344.
[2] Siehe: DVfVW e. V. in Berlin. Bericht 1945—1959, S. 11 ff.; DVfVW, in: VW 1959, S. 773.
[3] Siehe: DVfVW E. V. in Berlin. Jahresberichte 1960, S. 17 und 1961, S. 21 f.; Niederschrift über die 1. Sitzung der Abt. für Sozialvers.; Niederschriften über die 1., 2. und 3. Sitzung des Vorstandes der Abt. für Sozialvers.
[4] *Jantz*, Probleme der Sozialvers. innerhalb der Verswissenschaft.

falle es daher zu, die beiden Versicherungsarten gegeneinander abzugrenzen, ihre Bereiche aufeinander abzustimmen, ihre echten Aufgaben zu ermitteln. In diesem Sinne beginne man damit, „die versicherungsmäßigen und nichtversicherungsmäßigen Elemente in der gegenwärtigen Gestaltung der sozialen Sicherung" festzustellen.

Schon mit diesem ersten Schritt hat die Abteilung für Sozialversicherung eine schwere Bürde auf sich genommen. Es galt nun zu erforschen, welche Bestandteile der sozialen Sicherung dem *Wesen* der Versicherung entsprechen, d. h. welche von ihnen sich unter den *Begriff* der Versicherung subsumieren lassen. Ich verfolge nun, wie sich die Abteilung aus der Affäre gezogen hat.

11.02 Die Arbeit der Abteilung

Für die Forschungsarbeit wurden kleinere Gruppen gebildet[5], die in Arbeitsteilung die einzelnen Bereiche der sozialen Sicherung untersuchten und ihre Ergebnisse im Jahre 1963 der Abteilung vortrugen[6].

Was die *Rentenversicherung* angeht, haben *Hans Zweng* und seine Mitarbeiter zunächst einen „Oberbegriff der Versicherung" gesucht, „von dem die Privat- und Sozialversicherung Arten darstellen". Sie haben dazu die beiden Versicherungsarten unter wirtschaftlichen Aspekten auf Gemeinsamkeiten geprüft und durch Abstraktion folgenden Begriff gewonnen: „Versicherung ist ein Zusammenschluß Mehrerer zu einer Gefahrengemeinschaft, die den bei Eintritt des Versicherungsfalles entstehenden Vermögensbedarf nach den Grundsätzen der Wahrscheinlichkeit deckt." Nach diesem Begriff haben sie wichtige Tatbestände der Rentenversicherung beurteilt und für versicherungsmäßig oder nichtversicherungsmäßig befunden.

Einen anderen Weg ist *Helmuth Köhrer* bei der gesetzlichen *Krankenversicherung* gegangen. Er hat sich auf die Arbeitshypothese gestützt, daß die Konstruktion der Privatversicherung grundsätzlich versicherungsgemäß ist. Was mit ihr nicht in Einklang zu bringen ist, hat er darum als versicherungsfremd bezeichnet.

Im Rahmen der *Unfallversicherung* hat *Gustav Schultze-Lock* sowohl die rechtliche Gestaltung als auch den wirtschaftlichen Hintergrund bestimmter Tatbestände erörtert. Dementsprechend verwendet er zwei Arten von Kriterien, um ihren Versicherungscharakter zu klären. Die einen betreffen die rechtliche Form und scheinen im Versicherungs-

---

[5] Siehe: DVfVW E. V. in Berlin. Jahresbericht 1961, S. 21.
[6] Siehe: Versmäßige und nicht-versmäßige Elemente in der gegenwärtigen Gestaltung der sozialen Sicherung. Kurzreferate in der Abt. für Sozialvers.; *Schlie*, Versmäßige und nicht-versmäßige Elemente in der gegenwärtigen Gestaltung der sozialen Sicherung, insbes. in der Sozialvers.

recht auffindbar zu sein; die anderen haben es mit dem wirtschaftlichen Inhalt zu tun und scheinen einem nicht klar bestimmten wirtschaftlichen Versicherungsbegriff anzugehören. Der Referent hat die Grundlage seines Urteils leider nicht sehr deutlich gemacht und Ergebnisse im einzelnen und in der Zusammenfassung nur zurückhaltend vertreten[7].

Dieter Schewe hat sich mit der *sozialen Sicherung der Selbständigen* befaßt. Zur Handwerkerversicherung hat er auf ihre Eingliederung in die Rentenversicherung der Arbeiter hingewiesen und dargelegt, daß ihre Besonderheiten mit dem Verfahren der Rentenversicherung übereinstimmen. Damit haben sich weitere Erwägungen erübrigt, da die Stellungnahme der Gruppe Rentenversicherung nun auch auf die Handwerkerversicherung anwendbar ist. — Für die Beurteilung der Altershilfe für Landwirte hat sich *Dieter Schewe* auf zwei Kennzeichen der Versicherung berufen: 1. Die Höhe der Leistung müsse von der Höhe der Beiträge und/oder (?) der Dauer der Versicherung abhängen; 2. Das Deckungsverfahren müsse in sich abgeschlossen sein. Beide Eigenschaften fehlen der Altershilfe für Landwirte. Der Referent hat sich darum dafür entschieden, daß in ihr die nichtversicherungsmäßigen Elemente „überwiegen"[8]. — Die Alterssicherung der freien Berufe wird von sehr verschiedenartigen Einrichtungen getragen. Zum Teil ist die Rentenversicherung der Angestellten zuständig; insoweit liegt schon eine Stellungnahme vor. Für Einrichtungen, die mit der Privatversicherung zusammenarbeiten, hat *Dieter Schewe* den Versicherungscharakter bedenkenlos bejaht. In den übrigen Fällen ist für ihn das Verhältnis von Beiträgen und Leistungen entscheidend gewesen. Er hat das versicherungsgemäße Verhältnis allerdings nicht definiert, sondern seine Meinung von Fall zu Fall gebildet. Dabei hat er sich an parallelen Tatbeständen der Sozialversicherung orientiert und an den Auffassungen, die über ihren Charakter vorherrschen.

In die Untersuchung sind auch die derzeitigen *Kindergeldregelungen* einbezogen worden. *Edgar Mussil* hat zunächst auf einen Versicherungsbegriff aufmerksam gemacht, der die gesamte Sozialversicherung und auch die Kindergeldregelung nach dem Kindergeldgesetz umfasse[9]. Das hängt zusammen mit der Weite dieses Begriffes, der

---
[7] Ich erwähne einschränkend, daß mir nur ein vervielfältigtes Vortragsmanuskript vorliegt, nicht aber eine Tonbandabschrift. Siehe aber auch den in Fußnote 6 angeführten Bericht von *Schlie*. S. 285.
[8] In der vervielfältigten Tonbandabschrift steht: „Daher geht die Anschauung des *Gesetzgebers* (e. H.) dahin, daß in der Altershilfe für Landwirte die nichtversicherungsmäßigen Elemente überwiegen." Auf Grund der übrigen Äußerungen vermute ich einen Sprech- oder Schreibfehler und bleibe bei der obigen Wiedergabe, die sich mit dem in Fußnote 6 angeführten Bericht von *Schlie* deckt (S. 286).
[9] Es handelt sich um die vom BVerfG bestätigte Auffassung vom Wesen

sich aber mit einem „reinen" Versicherungsbegriff nicht decke. Dieser (engere) Begriff beruhe auf zwei Merkmalen, die „nach der überwiegenden Auffassung in Theorie und Praxis" eine reine Versicherung ausmachen. Es sind dies 1. ein versicherungsmäßiges Risiko, das durch drei Kriterien näher bestimmt wird, und 2. das Äquivalenzprinzip (in vager Umschreibung)[10]. Auf dieser Grundlage ist die Kindergeldregelung nach dem Kindergeldkassengesetz nicht als Versicherung angesehen worden, während für die Regelung nach dem Kindergeldgesetz sowohl ein versicherungsmäßiger als auch ein versicherungsfremder Tatbestand aufgezeigt worden ist.

11.03 Stellungnahme

Ich habe die Pläne und die Arbeit der Abteilung für Sozialversicherung[11] in bestimmten Details wiedergegeben, um folgende Überlegungen daran anzuknüpfen:

1. Die einzelnen Arbeitsgruppen haben an ihre Untersuchungsobjekte sehr verschiedene Maßstäbe angelegt. Aus diesem Grunde krankt das Urteil in seiner Gesamtheit schon daran, daß den Teilergebnissen der gemeinsame Nenner fehlt. Aber auch die Einzelurteile sind fragwürdig. Sie sind alle in einem bestimmten Sinne willkürlich, und zwar in ihrer Abhängigkeit von dem, was als Wesen der Versicherung angesehen worden ist. Die Unverbindlichkeit der eingeführten Maßstäbe ist von fast allen Berichterstattern eingestanden worden und setzt sich fort bis in die Ergebnisse. Die Abteilung für Sozialversicherung hat damit ihre erste Teilaufgabe nicht gelöst[12].

2. Die Abteilung für Sozialversicherung ist bei ihrem Versuch gescheitert, weil sie sich nicht auf einen gesicherten Versicherungsbegriff gestützt hat. In den vorbereitenden Beratungen[13] ist die Frage gestellt

---

der Sozialvers., die der Referent hypothetisch als Definition der Vers. (nicht der Sozialvers.) einführt. Siehe BVerfG, Urteil vom 10. 5. 1960, NJW 1960, S. 1099.

[10] Das Äquivalenzprinzip ist unbestimmt. Siehe dazu die eingehende Analyse von R. *Möller* (Über die Unbestimmtheit des Prinzips der Gleichheit von Leistung und Gegenleistung (Äquivalenzprinzip) für die Gestaltung der Sozialvers.) und den Aufsatz von *Innami* (Das Äquivalenzprinzip in der VersWirtschaft).

[11] Die Abt. für Sozialvers. hat ihre Arbeit über diesen Bericht hinaus fortgesetzt. Dabei haben sich keine neuen Gesichtspunkte für die Stellungnahme ergeben. Siehe: DVfVW E. V. in Berlin. Jahresbericht 1965, S. 16; *Langkeit*, Zum Problem des Versfalles in der Sozialvers. und in der Individualvers.; *Schlie*, Versmäßige und nicht-versmäßige Elemente in der sozialen Rentenvers.

[12] Siehe auch die kritische Stellungnahme der Zeitschrift VW (DVfVW. Anregender Verlauf der Jahrestagung vom 6.—8. 3. 1963 in Köln, S. 220).

[13] Siehe Niederschriften über die 1., 2. und 3. Sitzung des Vorstandes der Abt. für Sozialvers.

worden, ob nicht vorab dieser Begriff geklärt werden müsse *(Walter Bogs, Erich Roehrbein).* Es ist auch darauf hingewiesen worden, daß die gesuchten Begriffsmerkmale von dem Zweck abhängen, dem der Begriff dienen soll *(Gustav Schultze-Lock).* Diese Partei hat sich aber nicht durchgesetzt. Ihre Widersacher haben vermutlich eine lästige Auseinandersetzung um einen Begriff vermeiden wollen. Ihre Argumente sind seltsam. Nach dem Protokoll hat z. B. *Georg Heubeck* auf die Frage von *Walter Bogs* geantwortet, „daß sich *umgekehrt* (e. H.) aus dem Material ergeben müsse, was an versicherungsmäßigen und nichtversicherungsmäßigen Elementen in Betracht komme". Man hat sich auf diese Weise beruhigt und das Grundproblem vor sich hergeschoben[14]. So, wie die Aufgabe formuliert ist, führt aber kein Weg an einem eindeutigen Urteil über das Wesen der Versicherung vorbei.

3. *Kurt Jantz* hat die erste Aufgabe seiner Abteilung ausdrücklich in jenes große Programm eingeordnet und damit in den Zusammenhang mit der Sozialpolitik gestellt[15]. In diesem Zusammenhang steht dann auch das ungelöste Grundproblem. Die Frage nach dem Wesen der Versicherung ist also nicht das Anliegen einer weltentrückten Wissenschaft, sondern hier ein Problem der zweckmäßigen Gestaltung der sozialen Welt, in der wir leben. Die Frage verdient daher Beachtung.

12 Die Bemühungen der Abteilung für Versicherungslehre im Deutschen Verein für Versicherungswissenschaft

Die Abteilung für Sozialversicherung hat ihre Vorstellung im Grunde mit dem *zweiten* Akt begonnen. Währenddessen lief der *erste* Akt auf einer anderen Bühne. Der Anstoß dazu ist von *Walter Grosse* gekommen. Als Vorsitzer hat er seiner Abteilung für Versicherungslehre im Jahre 1962 — unabhängig von den Nöten der anderen Abteilung — vorgeschlagen, den umstrittenen Versicherungsbegriff wissenschaftlich zu erforschen[16].

12.01 Erörterungen zum Versicherungsbegriff von Alfred Manes[17]

Der Anfang wurde im Jahre 1963 gemacht. Zum Ausgangspunkt hat die Abteilung den Versicherungsbegriff von *Alfred Manes* in folgender

---

[14] Ich teile also nicht die von Amts wegen positive Meinung des Geschäftsführers des DVfVWs, Ulrich *Schlie,* der das Vorgehen der Abt. für Sozialvers. „auch vom Methodischen her (als) eine interessante Ergänzung" der Erörterungen um den VersBegriff angesehen hat (*Schlie,* Versmäßige und nichtversmäßige Elemente in der gegenwärtigen Gestaltung der sozialen Sicherung, insbes. in der Sozialvers., S. 282).
[15] *Jantz,* Probleme der Sozialvers. innerhalb der VersWissenschaft, S. 82.
[16] Siehe Niederschrift über die Sitzung der Abt. für Verslehre vom 1. März 1962 in München; außerdem: DVfVW E. V. in Berlin. Jahresbericht 1961, S. 24, und DVfVW e. V., in: VW 1960, S. 772.

Fassung gewählt: „Versicherung ist gegenseitige Deckung zufälligen schätzbaren Bedarfs zahlreicher gleichartig bedrohter Wirtschaften." Zunächst sind vier Kriterien dieses Begriffes in Referaten behandelt worden; an sie hat sich eine allgemeine Diskussion angeschlossen[18].

Paul Braeß hat sich mit der *Gleichartigkeit der Bedrohung* befaßt[19]. Einen Ansatz für eine kritische Betrachtung hat er in der Frage gesehen, welche praktischen Folgerungen sich aus einer derartigen Kennzeichnung der Versicherung ergeben sollen. Eine davon kann die sein, daß sich abgestufte Prämien unter bestimmten Bedingungen nur aus einem Bestand ausreichend homogener Risiken ermitteln lassen. In diesem Sinne hat *Paul Braeß* dem Merkmal der Gleichartigkeit zugestimmt. Nun liegt aber die Vermutung nahe, daß *Alfred Manes* (darüber hinaus?) an eine andere Konsequenz gedacht hat: Ein Zufallsausgleich nach dem Gesetz der großen Zahl sei nur in einem Bestand gleichartiger Risiken wahrscheinlich. Dem hat *Paul Braeß* die These entgegengestellt und begründet, daß der Ausgleichseffekt unter heterogenen Risiken nicht geringer, sondern eher stärker ist. Insoweit ist das Merkmal der Gleichartigkeit also nicht angebracht.

Zur *Deckung des Bedarfs* hat sich *Hans Möller* (Hamburg) geäußert. Er hat dabei die Gesetze ins Auge gefaßt, die auf dem Versicherungsbegriff beruhen, nämlich das Versicherungsaufsichtsgesetz und das Versicherungsvertragsgesetz. Auf Grund der Andeutungen, die darin enthalten sind, ist er zu einem Begriff gekommen, der beiden Gesetzen genüge. Danach dient „alle Versicherung der Deckung eines ungewissen Bedarfes". In diesem Punkte könne es also bei der Definition von *Alfred Manes* bleiben.

Günther Wünsche ist der *Schätzbarkeit des Bedarfs* nachgegangen. Er hat dabei (allerdings ohne Begründung) den Vorrang einer wirtschaftlichen Betrachtungsweise für die Bildung eines allgemeinen Versicherungsbegriffs betont. Grundlage der Versicherung sei zufallbedingtes Geschehen. Trotzdem müsse ein Gleichgewicht von Ausgaben und Einnahmen im Versicherungsbetrieb sichergestellt werden. Und das setze eine „Schätzung bzw. Schätzbarkeit"[20] des Bedarfs zwingend voraus.

---

[17] Siehe: Erörterungen zum Begriff der Vers. und zu einzelnen Begriffsmerkmalen; DVfVW E. V. in Berlin. Jahresbericht 1963, S. 19 f.; DVfVW. Anregender Verlauf der Jahrestagung vom 6.—8. 3. 1963 in Köln, S. 221.

[18] Die Äußerungen in der Diskussion sind bei dem späteren Colloquium weitgehend wiederholt worden. Ich verweise insoweit auf Ziffer 12.02, S. 17 ff. dieser Arbeit.

[19] Das Referat ist veröffentlicht worden (*Braeß*, Zum Problem der „gleichartigen Bedrohung" im Sinne der Versicherungsdefinition von Alfred *Manes*).

[20] Daß der Bedarf nur schätzbar ist, genügt *Wünsche* anscheinend nicht, im übrigen auch nicht *Manes*. Siehe *Manes*, Verswesen, 1. Band, S. 6.

Soweit *Franz Büchner* zur *Gegenseitigkeit der Deckung* als Merkmal des Versicherungsbegriffs gesprochen hat, hat er sich damit begnügt, die bekannte Auslegung von *Alfred Manes* zu wiederholen.

12.02 Ein Colloquium über den Versicherungsbegriff[21]

Die zweite Etappe in der Erörterung des Versicherungsbegriffs folgte im Jahre 1964. Die Abteilung für Versicherungslehre hat damals einen kleineren Kreis Auserwählter zu einem Colloquium zusammengeführt. Bei dieser Gelegenheit sind sowohl allgemeine als auch spezielle Aspekte des Versicherungsbegriffs beraten worden. *Hans Möller* (Hamburg) hat die Besprechung geleitet.

Im Vordergrund der Erörterungen hat die wichtige Frage gestanden, ob man sich einen allgemeinen Versicherungsbegriff zum Ziel setzen soll, also den einheitlichen Begriff der Versicherungswissenschaft, der nicht nach ihren Disziplinen verschieden ist. Die Meinungen waren geteilt.

Gegen einen solchen Kurs sind folgende Bedenken entweder erwähnt oder vertreten worden: In amerikanischen Lehrbüchern werde der Behandlung des Versicherungsbegriffs manchmal die Frage vorangestellt: „Why do you want to know?" Und diese Gründe könnten verschieden sein *(Hans Möller)*. Die Bildung eines Versicherungsbegriffs hänge nicht nur vom Gegenstand ab, sondern auch von der Methode seiner Erfassung. Und darin gehen Juristen, Mathematiker, Volkswirte und Betriebswirte auseinander *(Walter Schmidt-Rimpler)*. Vom versicherungsmathematischen Standpunkt erübrige sich ein einheitlicher Versicherungsbegriff, da es für die mathematischen Probleme nur auf eine exakte Formulierung der Aufgabe ankomme *(Hans Münzner*[22] und ähnlich *Hasso Härlen)*.

Für den allgemeinen Versicherungsbegriff hat sich *Hans Möller* dazu bekannt, daß dieser Begriff „irgendwie überjuristisch, überwirtschaftlich vorgegeben ist". *Max Koppe* hat für den einheitlichen Versicherungsbegriff plädiert, weil davon „vermutlich ... neue Erkenntnisse (für alle Teilgebiete)" der Versicherungswissenschaft zu erwarten seien. Und *Franz Büchner* hat auf den einen „Kern des Versicherungsgedankens" hingewiesen, den es nach seiner Meinung aufzufinden gilt. Dieser Aufruf zur „Kern"forschung hat einige Zustimmung gefunden *(Walter Schmidt-Rimpler*[23], *Hasso Härlen)*.

---

[21] Siehe: DVfVW. Erörterungen zum Begriff der Vers. Colloquium, veranstaltet am 3. März 1964 in Stuttgart; DVfVW. Erörterungen zum Begriff der Vers. Bericht über ein am 3. März 1964 veranstaltetes Colloquium.

[22] *Münzner* hat sich in diesem Sinne in der vorausgegangenen Kölner Diskussion geäußert. Siehe Ziffer 12.01, S. 15 ff. dieser Arbeit.

[23] „...; man würde es eben nicht Versicherung nennen, wenn nicht ein gewisser Kern vorhanden wäre."

Wie dieser eine Versicherungsbegriff zu erreichen sei, ist fraglich geblieben; die Befürworter der Einheit waren in diesem Punkte uneinig. *Franz Büchner* hat eine „soziologisch-geschichtlich(e)" Betrachtungsweise als allgemein verbindlich gefordert. Nach *Walter Schmidt-Rimpler* kann nur eine juristische Auffassung die Grundlage für den einen Versicherungsbegriff bieten. *Hans Möller* hat auf die Ansicht *Walter Rohrbecks* aufmerksam gemacht, der den wirtschaftswissenschaftlichen Primat für die Bildung des Versicherungsbegriffs betont habe. Daneben sind überfakultative Ansätze vertreten worden. *Hasso Härlen* hat angeregt, die Bedürfnisse aller Teildisziplinen nach einem Versicherungsbegriff festzustellen und den gesuchten Begriff ihnen allen anzupassen. *Max Koppe* ist dafür eingetreten, „den Versicherungsbegriff an den Wünschen ... des Versicherungsnehmers zu orientieren"[24]. Und *Hans Möller* hat eine Chance dafür gesehen, ohne besonderen Wegweiser direkt auf den Kern zuzugehen. Nach diesen Überlegungen ist man im folgenden davon ausgegangen, daß es gerechtfertigt sei, einen allgemeinen Versicherungsbegriff anzustreben.

Ob der einheitliche Begriff sowohl die Privat- als auch die Sozialversicherung umfassen soll, ist ein weiterer Besprechungspunkt gewesen. Drei der Teilnehmer haben sich ausdrücklich dafür entschieden, und zwar *Hans Möller*, der das gemeinsame Grundwort Versicherung ins Feld geführt hat, und *Franz Büchner* und *Max Koppe*, die ihre Ansicht nicht begründet haben. In unserer Zeit werden zwar gelegentlich Einwände gegen eine Einbeziehung der Sozialversicherung erhoben. Sie sind aber nach *Paul Braeß* und *Walter Weddigen* darauf zurückzuführen, daß die Sozialversicherung „keine chemisch reine Versicherung" ist; sie enthalte vielmehr auch andere Elemente, und das komme auch in der Privatversicherung vor.

Nach diesen grundlegenden Fragen sind bestimmte Merkmale des gesuchten Versicherungsbegriffs behandelt worden. *Hans Möller* hat zunächst ein Kriterium zur Diskussion gestellt, das durch die Begriffe Zusammenschluß, Gemeinschaft und Gegenseitigkeit gekennzeichnet wird. Gegen das Merkmal Gemeinschaft ist geltend gemacht worden, daß es aus der Sicht des Versicherten auf eine Gemeinschaft nicht ankomme *(Max Koppe)* und daß bei der Versicherung weder eine Gemeinschaft im juristischen *(Walter Schmidt-Rimpler)* noch im soziologischen Sinne *(Paul Braeß)* bestehe. Demgegenüber hat *Walter Weddigen* darauf bestanden, wenigstens eine Vielheit von Versicherten im Versicherungsbegriff zu berücksichtigen, weil sich nur so die Produktivität der Versicherung durch die Wirtschaftswissenschaft erklären lasse. Am stärksten aber hat *Franz Büchner* das Merkmal (Gefahren)-

---

[24] Aber wer ist schon Versnehmer, solange man nicht weiß, was Vers. ist!

gemeinschaft verteidigt, in dem er „die Quintessenz des Versicherungsgedankens" sieht. Wenn auch keine echte Gemeinschaft vorliege, so brauche der Versicherer doch eine große Zahl von Bedrohten, von denen die meisten schadlos bleiben. Und damit entstehe „eine Gefahrengemeinschaft in einem rein wirtschaftlichen Sinne".

Das Gremium hat sich weiterhin mit einem Merkmal der Versicherung beschäftigt, das man bisher durch die Begriffe Nachteil, Bedarf u. ä. zu erfassen versucht hat. Diese Praxis ist auf Kritik gestoßen, weil die Begriffe zu unbestimmt sind und außerdem zu unbefriedigenden Ergebnissen vor allem in der Personenversicherung führen (abstrakter Bedarf; Bedarf des Versicherten oder des Begünstigten; Ersatz eines Neuwertes). *Paul Braeß* und *Walter Schmidt-Rimpler* haben eine andere Auffassung erläutert, mit der die bisherigen Schwierigkeiten zu meistern sind: Auszugehen sei von einem Wirtschaftsplan[25] des Versicherten. Bestimmte Gefahren drohen, die Durchführung des Planes zu stören. Im Falle solcher Störungen entsteht ein Plandefizit, das durch die Versicherungsleistung nach Möglichkeit ausgeglichen werden soll. Im Versicherungsbegriff könne damit an die Stelle des Bedarfs — ohne Widerspruch der Zuhörer — das Defizit eines Wirtschaftsplanes treten.

Eine Reihe weiterer Merkmale hat zur Diskussion gestanden. Die Beiträge dazu waren weniger ausführlich als in den vorhergehenden Fällen. Vor allem aber haben sie keine neuen Gesichtspunkte für eine Beurteilung dieses Colloquiums und seiner Ergebnisse erbracht. Ich verzichte darum auf ihre Wiedergabe.

12.03 Die unerwartete Einigung

Bei dem Colloquium des Jahres 1964 sind die Meinungen der Teilnehmer in entscheidenden Fragen weit auseinandergegangen. Völlig unvermutet kommt daher im Jahre 1966 die Nachricht der Abteilung für Versicherungslehre, daß die Erörterungen des Versicherungsbegriffs ein positives Ende gefunden haben: Man habe die Definition von *Karl Hax* nach einer geringfügigen Ergänzung „akzeptiert"[26].

Diese Einigung hat sich noch während des Colloquiums angebahnt. Dort hat *Paul Braeß* zum Schluß auf die Definition von *Karl Hax* aufmerksam gemacht, in die er noch „einen kleinen Schlußstein" im Sinne seiner eigenen Definition einzusetzen empfahl. *Hans Möller* hat den Vorschlag aufgegriffen und den Anwesenden nahegelegt, auf der

---

[25] Das ist die Terminologie von *Braeß; Schmidt-Rimpler* spricht von einem Vermögensgestaltungsziel.
[26] Siehe DVfVW. Niederschrift über die Sitzung der Abt. für Verslehre am 17. 3. 1966 in St. Gallen, S. 1 f.

Grundlage der gemeinsamen Überlegungen und vielleicht im Anschluß an die Definition von *Alfred Manes* oder von *Karl Hax* eine Definition zu versuchen[27]. Dazu sind später alle Mitglieder des Vereins aufgerufen worden[28].

Im Jahre 1965 hat *Walter Grosse* zwei schriftliche Äußerungen erwähnt und im übrigen die Weichen für die weitere Entwicklung gestellt: Er hat den früheren Aufruf in dem Sinne interpretiert, daß die Mitglieder *insbesondere dann* ihr Urteil abgeben sollen, wenn sie mit der (überarbeiteten) Definition von *Karl Hax* nicht einverstanden sind[29]. Die Mitglieder haben in dem folgenden Jahr nicht widersprochen, so daß der Weg für eine Annahme der Definition frei schien. Die Definition lautet: Versicherung ist „die planmäßige Deckung eines im einzelnen ungewissen, insgesamt aber schätzbaren Geldbedarfs auf der Grundlage eines durch Zusammenfassung herbeigeführten Risikoausgleichs"[30].

12.04 Stellungnahme

Wenn ich die Behandlung des Versicherungsbegriffs durch die Abteilung für Versicherungslehre bedenke, stehe ich vor einer Fülle von Fragen, die ich nun kurz darlege.

1. Selbst wenn sich alle Mitglieder des Vereins für die geläuterte Definition von *Karl Hax* hätten entscheiden wollen, ist dieses Annahmeverfahren eines Begriffs vorerst zweifelhaft. Welcher Geltungsgrund besteht für diesen Begriff? Fast nur die Stimmen bzw. das Schweigen der Vereinsmitglieder. Ist ein solcher Geltungsanspruch wissenschaftlich erheblich? Was ist nun mit der Annahme des Begriffs erreicht? Werden sich die Versicherungswissenschaftler aller Richtungen jetzt und immer auf diesen Begriff stützen? Und wieso beschreibt der Begriff jenen Kern der Versicherung, auf den einige Mitglieder schwören?

2. Die Bedenken gegen einen einheitlichen Versicherungsbegriff sind prima facie auf plausible Gründe gestützt worden. Für den Einheitsbegriff sind weitgehend persönliche Überzeugungen angeführt worden

---
[27] Siehe: DVfVW. Erörterungen zum Begriff der Vers. Colloquium, veranstaltet am 3. März 1964 in Stuttgart, S. 61 ff.; DVfVW. Erörterungen zum Begriff der Vers. Bericht über ein am 3. März 1964 veranstaltetes Colloquium, S. 7.
[28] Siehe Schreiben des DVfVW aus November 1964 an die Damen und Herren in der Abt. für Verslehre u. a. mit dem Betreff: Erörterungen zum Begriff der Vers.
[29] Siehe DVfVW. Niederschrift über die Sitzung der Abt. für Verslehre am 10. März 1965 in Hamburg, S. 1.
[30] Siehe DVfVW. Niederschrift über die Sitzung der Abt. für Verslehre am 17. 3. 1966 in St. Gallen, S. 1.

und außerdem die verlockende Erwartung, daß dieser Begriff besonders fruchtbar sei. Hätten nicht diese subjektiven und zumindest fragwürdigen Vorstellungen begründet und präzisiert werden müssen? Sind nicht unter dem Aspekt der Fruchtbarkeit spätere Rückschlüsse erforderlich, die die frühere Vermutung u. U. enttäuschen können? Ist es gerechtfertigt, die Gegenargumente auf sich beruhen zu lassen? Stehen die Argumente unauflöslich gegeneinander, oder ist ihre Synthese denkbar? Für die Bildung des einheitlichen Begriffs sind verschiedene Perspektiven gefordert worden. Kommt es auf eine solche Perspektive an, und welche ist maßgebend?

3. Die Teilnehmer des Colloquiums haben sich im Grunde einmütig für einen Versicherungsbegriff eingesetzt, der die Privat- und Sozialversicherung einschließt. Ist diese Entscheidung aber wirklich eine Frage des Glaubens *(Franz Büchner)* oder des Wollens *(Max Koppe)* oder der sprachlichen Bezeichnungstradition *(Hans Möller)* oder eines vorgefaßten Versicherungsbegriffs *(Paul Braeß, Walter Weddigen)*? Welche Konsequenzen ergeben sich aus diesen Einstellungen für die Erforschung der versicherungsmäßigen und nichtversicherungsmäßigen Elemente der Sozialversicherung?

4. Die einzelnen Merkmale des Versicherungsbegriffs sind vorwiegend unter besonderen Gesichtspunkten analysiert worden, z. B. unter wirtschaftswissenschaftlichen, juristischen usw. Hier sind also jedesmal erneut die Fragen der Perspektive akut. Und anscheinend sind nicht alle Merkmale, die auf einen Gegenstand zutreffen, unbedingt in dem Begriff enthalten, der ihn umfaßt. Welche Merkmale sind nun begriffsnotwendig? (Vgl. *Walter Weddigens* Beharren auf dem Merkmal einer Vielheit von Versicherten.)

Auf Grund dieser Fragen neige ich zu dem Urteil, daß die Abteilung für Versicherungslehre den Versicherungsbegriff nicht mit wissenschaftlicher Strenge erörtert hat. Ich halte sowohl die grundlegenden Aspekte dieses Begriffs als auch die einzelner Merkmale immer noch für ungeklärt. Das vorliegende Ergebnis entspricht keineswegs dem Ziel[31]. Ich stelle daher fest: Der Versicherungsbegriff ist weiterhin umstritten; das Wesen der Versicherung ist nach wie vor problematisch.

---

[31] Zum Ziel der Abt. siehe Ziffer 12, S. 15 dieser Arbeit.

„So gehen die Ansichten hin und her."
(*Bernhard Krosta*, Über den Begriff
Versicherung)

2 Das Wesen der Versicherung in der Literatur

21 Vorbemerkungen

Ich greife das Problem auf, das die Abteilung für Versicherungslehre im Deutschen Verein für Versicherungswissenschaft ohne befriedigendes Ergebnis behandelt hat; ich frage also nach dem Wesen der Versicherung oder nach dem Begriff Versicherung. Um in diesem Anliegen weiterzukommen, ist es zunächst erforderlich, die Ergebnisse der bisherigen Forschung zu analysieren[1]. Ich sehe darin die erste wesentliche Aufgabe dieser Arbeit.

Nun ist ein Rückblick auf die Literatur, die zu diesem Thema erschienen ist, nicht ohne weiteres etwas Neues. Vor allem in Dissertationen sind die Auffassungen über das Wesen der Versicherung eifrig gesammelt, fleißig wiedergegeben und kritisch behandelt worden[2]. Die Resultate genügen aber nicht. Sie haben z. B. den Diskussionen im Deutschen Verein für Versicherungswissenschaft keine Stütze bieten können. Die Ursache dieses Mangels finde ich darin, daß die Verfasser dieser Arbeiten mit den zitierten Autoren nicht jene rationale Zwiesprache halten, die *Karl R. Popper* im Sinn hat[3]. Ich nenne darum die Gesichtspunkte, unter denen die zu betrachtenden Äußerungen hier untersucht werden sollen.

Es interessiert *erstens*, wie die Autoren das Wesen der Versicherung oder den Begriff Versicherung bestimmt oder definiert haben. Es handelt sich dabei um jene Aussagen, die im allgemeinen als eigentlich strittig angesehen werden und über die man sich daher am häufigsten auseinandersetzt.

Weil die Ergebnisse verschieden sind und als unverträglich miteinander gelten, soll *zweitens* untersucht werden, welche Ziele die Autoren

---

[1] Vgl. *Popper*, Logik der Forschung, S. XVII f.
[2] Siehe z. B.: *Krosta*, Über den Begriff Vers., 1911; *Nussbaumer*, Wesen und Grenzen der Vers., 1946; *Haubrichs*, Über den Begriff der Vers., 1955.
[3] Siehe *Popper*, Logik der Forschung, S. XVIII.

jeweils vor Augen gehabt haben. Es geht also darum, ob sie mit ihren Beiträgen dasselbe Problem haben lösen wollen. Weder die Ähnlichkeit noch die Übereinstimmung ihrer Themen stellen die Identität des Problems von vornherein außer Zweifel. Sie muß aber vorausgesetzt werden, wenn die Resultate verglichen werden sollen.

Um zu den echten Unterschieden Stellung nehmen zu können, wird *drittens* nach dem Richtigkeitsgrund der Aussagen gefragt. Damit soll also klargestellt werden, welches Kriterium die einzelnen Forscher der Geltung ihrer Ergebnisse zugrunde gelegt haben. Wenn nämlich verschiedene Kriterien verwandt werden, könnte das Problem eine Stufe tiefer liegen, als die Diskussion üblicherweise reicht.

Dieser Plan einer Bestandsaufnahme trifft allerdings auf Schwierigkeiten verschiedener Art. Sie bestehen zunächst darin, alle aufgeführten Aspekte der Begriffsbestimmung aus den vorliegenden Äußerungen zu ermitteln. Zwar werden die Merkmale der Begriffe (fast) immer ausführlich dargelegt; ihre Grundlagen aber werden häufig vernachlässigt. Wo ein ausdrückliches und ausreichendes Bekenntnis zu ihnen fehlt, muß dennoch versucht werden, über Anhaltspunkte zu ihnen vorzudringen. Welche dafür in Frage kommen, ist im Einzelfall zu prüfen. Je dürftiger die Anhaltspunkte sind, um so mühseliger wird die Prozedur. Dabei kann es dem Leser vorübergehend sogar unklar sein, welche Bedeutung die aufgeführten Indizien haben. Aus diesen Gründen scheidet ein einheitliches Schema für das Verfahren aus.

Weitere Schwierigkeiten ergeben sich aus der großen Zahl der Veröffentlichungen zu dem Problem dieser Arbeit. Das gilt selbst für den Bereich der deutschen Sprache[4], auf den ich mich beschränke. Ich kann die vielen durchgesehenen Schriften daher nicht im einzelnen analysieren. Dieses Kapitel wird also keine Enzyklopädie der Versicherungsbegriffe. Aus der „Legion der Versicherungsdefinition(en)"[5] werden vielmehr zwölf stellvertretend vorgeführt. Bei ihrer Auswahl ist folgendes beachtet worden: 1. Aus einer häufig angeführten Systematik[6] der Begriffsbestimmungen ist je ein Vertreter berücksichtigt. Es sind *Emanuel Herrmann* für die Spieltheorie, *Adolph Wagner* für die Schadentheorie, *Joseph Hupka* für die Leistungstheorie, *Alfred Manes* für die Bedarfstheorie und *Bernhard Krosta* für die objektive Gefahrentheorie. Die übrigen Autoren repräsentieren andere Auffassungen der letzten 40 Jahre und der Gegenwart. 2. Es kommen Angehörige

---
[4] Hier sollen derartige Schriften allerdings „an Zahl und Umfang bei weitem" übertroffen haben, was darüber „in allen übrigen Sprachen ... zusammen" veröffentlicht worden ist (*Manes*, VersWesen, 5. Aufl., 1. Bd., S. 1).
[5] *Farny*, Die VersMärkte, S. 13.
[6] Siehe z. B. *Krosta*, Über den Begriff Vers.

aller Fakultäten zu Wort, die die Versicherung zum Gegenstand ihrer Disziplin haben. Für die Wirtschaftswissenschaft sind es *Karl Hax, Emanuel Herrmann, Bernhard Krosta, Hans Gert Lobscheid, Werner Mahr, Alfred Manes, Walter Rohrbeck* und *Adolph Wagner*. Für die Rechtswissenschaft treten auf *Joseph Hupka, Hans Möller* und *Walter Schmidt-Rimpler*. *Paul Riebesell* ist Mathematiker. Die Mediziner sind bisher nicht mit einem besonderen Versicherungsbegriff hervorgetreten.

22 Zwölf Ansichten aus der Literatur

22.01 Der Versicherungsbegriff von Emanuel Herrmann[7]

Die Leistungen von *Emanuel Herrmann* sind unterschiedlich aufgenommen worden. Die Postkarte z. B., die er „bei Erforschung des Gesetzes der Specialisirung theoretisch gefunden" und in der Neuen Freien Presse vom 26. 1. 1869 „zur Durchführung praktisch angeregt" hat, erfreut sich in der Welt allgemeiner Beliebtheit[8]. Seine „Theorie des Wesens der Versicherung"[9] dagegen ist bis auf den heutigen Tag fast nur auf Ablehnung gestoßen. Ihm wird entgegengehalten, daß seine Auffassung von der Versicherung „schief" sei[10], daß er „ganz abseits" stehe[11], daß er den Versicherungsbegriff mißbrauche[12] oder daß er nicht „das wahre Wesen der Versicherung" erklärt habe[13]. Ich möchte trotzdem an dieser „geistvoll(en)" und „anregend(en)" Leistung[14] *Emanuel Herrmanns* nicht vorbeigehen, und zwar aus drei Gründen: 1. Die Argumente seiner Gegner gehen nicht sehr tief und überzeugen mich daher nicht. 2. Sie haben mit Frontstellung gegen ihn häufig eine Begriffsbestimmung bekämpft, die sie ihm zu Unrecht unterstellt haben[15]. 3. Ihre (harte) Kritik und ihre Gegenvorschläge

---

[7] 1867—1897. Diese Zahlen zu Beginn einer jeden Besprechung eines Versbegriffs betreffen die Zeit, in der der Autor nach meiner Kenntnis seine Begriffsbestimmung(en) in der Literatur vertreten hat.
[8] *Herrmann*, Technische Fragen und Probleme der modernen Volkswirtschaft, S. III. Vgl. auch: Stichwort *Herrmann*, Emanuel, S. 291, und Stichwort Postkarte, Sp. 1172.
[9] *Herrmann*, Die Theorie der Vers. vom wirthschaftlichen Standpunkte, S. VI.
[10] *Wagner*, Verswesen, S. 355.
[11] *Krosta*, Über den Begriff Vers., S. 23.
[12] *Manes*, Verswesen, 5. Aufl., 1. Bd., S. 9.
[13] *Nussbaumer*, Wesen und Grenzen der Vers., S. 89.
[14] *Wagner*, Verswesen, S. 355.
[15] Das gilt z. B. für: *Krosta*, Über den Begriff Vers., S. 23 f. und 71 ff.; *Manes*, Verswesen, 5. Aufl., 1. Bd., S. 9, insbes. Fußnote 2; *Mahr*, Einführung in die Verswirtschaft, S. 69 f.; *Haubrichs*, Über den Begriff Vers., S. 24 ff.; *Rohrbeck*, Der Begriff der Vers. in seiner wissenschaftlichen und wirtschaftlichen Bedeutung, S. 1.

haben gleichfalls nicht aus dem Dilemma des Begriffsstreites herausgeführt.

22.01.1 Die Merkmale des Begriffs

Emanuel Herrmann hat seinen Versicherungsbegriff in einem Vorwort in folgender Umschreibung angedeutet: „... die Versicherung (ist) eine ... Compensation des Zufalls und auf der Stufe der unternehmensweisen Versicherung ein specifisch ausgestaltetes Glücksspiel[16]." Diese Formulierung kann nur unter Vorbehalten als seine Definition der Versicherung angesehen werden, da sie seine Meinung weitgehend unbestimmt läßt. Es ist daher angebracht, die einzelnen Etappen zu verfolgen, in denen er seinen Begriff erklärt hat.

Auf der Suche nach dem Prinzip der Versicherung geht er aus von dem „Schadenersatzgeschäft", das die sogenannten Versicherungsunternehmen betreiben. Er findet es nicht — wie viele vor ihm — in der „Association vieler Individuen", also nicht darin, daß die Entschädigungen durch die Beiträge vieler finanziert werden. Diese *„Form"* (e. H.), in der die Versicherungsunternehmen ihre Aufgabe durchführen, komme vielmehr in manchen anderen Wirtschaftszweigen ebenfalls vor und sei also nicht charakteristisch für die Versicherung. Das Prinzip muß darum spezieller sein. Es folgt nach seiner Ansicht aus dem besonderen *Zweck* des Schadenersatzes für die Versicherten. Und dieser besteht in der „Beseitigung der Folgen gewisser Störungen", von denen Wirtschaften betroffen werden. Die Störungen ergeben sich aus den zufälligen Einflüssen, die wir in „unserem Wirthschaftsplane" nicht berücksichtigt haben. Zufällig sind solche Einflüsse, wenn wir sie nicht beherrschen und in den Plan einbeziehen können[17].

In diesem Zweck allein glaubt *Emanuel Herrmann*, das Prinzip der Versicherung zu erkennen. Der Zweck reicht daher für eine Kennzeichnung der Versicherung aus. Zur Versicherung rechnen demnach alle Maßnahmen, die jene zufälligen Störungen der Wirtschaften ausgleichen. In diesem Sinne ist Versicherung dann „Compensation des Zufalls"[18].

Wie außerordentlich weit der Versicherungsbegriff auf dieser Basis wird, geht aus der Systematik der vielfältigen Versicherungsmethoden

---

[16] *Herrmann*, Die Theorie der Vers. vom wirthschaftlichen Standpunkte, S. VI.
[17] Zu diesem Abschnitt siehe *Herrmann*, Die Theorie der Vers. vom wirthschaftlichen Standpunkte, S. 5, 7, 14 f., 20, 45, 109. — Der Ansatzpunkt von *Herrmann* kann im übrigen als modern bezeichnet werden. Vgl. dazu die Diskussion im DVfVW und insbes. die Beiträge von *Braeß* und *Schmidt-Rimpler*. Siehe Ziffer 12.02, S. 19 dieser Arbeit.
[18] Vgl. *Herrmann*, Die Theorie der Vers. vom wirthschaftlichen Standpunkte, S. 109.

hervor, die *Emanuel Herrmann* nach technischen Gesichtspunkten vornimmt. Er gelangt so zu drei Hauptstufen verschiedener Vollkommenheit der Versicherung, die für diese Arbeit nur insoweit wichtig sind, als sie die Bedeutung der Begriffsmerkmale präzisieren. Um die unterste Stufe handelt es sich, wenn die „compensirenden Mittel" *indirekt* sichergestellt werden, z. B. durch Geld, das die Anschaffung der benötigten Mittel ermöglicht. Auf der zweiten und dritten (vollkommensten) Stufe werden entweder *Surrogate* (zum Notbehelf) oder „*Parien*" (zum gleichwertigen Ersatz) bereit gehalten oder bereitgestellt, die im Notfall *direkt* an die Stelle der betroffenen Mittel treten können. Unter den Versicherungsbegriff fallen also Bettel und Notkredit, Sparstrumpf (für ungewisse Fälle) und Schadenersatzgeschäft, Reserveräder an Kraftfahrzeugen, Ersatzspieler in der Fußballbundesliga, unter Umständen Diebstahl und vieles andere mehr[19].

In der weiteren Gliederung erscheint als eine Methode unter vielen das übliche „Assecuranzgeschäft"[20], dessen Beschreibung allgemein Anstoß erregt hat und von vielen irrtümlich *und* in unzutreffender Wiedergabe für den Versicherungsbegriff von *Emanuel Herrmann* gehalten wird. Ich gehe darauf ein, damit feststeht, wovon im folgenden gesprochen wird: Um jene Methode von anderen abzugrenzen, führt *Emanuel Herrmann* eine Parallele zum Glücksspiel an. Aus der Sicht des Spielers definiert er das Glücksspiel als ein Verhalten, bei dem Kleines geopfert wird, um möglicherweise Großes zu gewinnen. Wie verhält sich nun der Kunde eines sogenannten Versicherungsunternehmens? Er riskiert einen geringen „Spieleinsatz", nämlich den Versicherungsbeitrag, um dafür vielleicht den ausgesetzten „Gewinn", nämlich die Versicherungsleistung, zu erlangen. Die besondere Technik dieses „Versicherungslotto(s)" zeige sich nun — abweichend vom üblichen Glücksspiel (!) — in folgenden Punkten: 1. Als „Treffer" gelten Tod, Krankheit usw., also jene zufälligen Ereignisse, die die einzelnen Wirtschaften bedrohen. 2. Der „Gewinn" entspricht in seiner Höhe dem Ausmaß der eingetretenen Störung. So also „gleicht" „das Versicherungsgeschäft ... einer Lotterie, mit dem Zeitpunkte und den Gewinnsten nach unbestimmten Ziehungen"[21].

---

[19] Vgl. *Herrmann*, Die Theorie der Vers. vom wirthschaftlichen Standpunkte, S. 111 f.
[20] *Herrmann*, Die Theorie der Vers. vom wirthschaftlichen Standpunkte, S. 109.
[21] Zu diesem Abschnitt siehe *Herrmann*, Die Theorie der Vers. vom wirthschaftlichen Standpunkte, S. 22, 40 ff., 45, 54. — Am Rande sei der häufige Einwand erwähnt, daß der Spieler ein Risiko suche, während der Versicherte aus dem Risiko fliehe. Vgl. z. B. *Mahr*, Einführung in die Verswirtschaft, S. 70. Im Falle des Versicherten sehen *Mahr* und *Herrmann* denselben Sachverhalt unter verschiedenen Aspekten: *Mahr* meint das Risiko einer Diskrepanz von Wirtschaftsplan und Wirklichkeit, *Herrmann* dagegen das Risiko eines Einsatzes ohne Gewinn. Dieser Einwand trifft *Herrmann* also nicht.

22.01.2 Perspektive und Geltungsanspruch des Begriffs

Emanuel Herrmann deutet die Versicherung vom wirtschaftlichen Standpunkt. Das kündigt schon der Titel seines Buches an und wird auch im Verlaufe seiner Untersuchung bestätigt. Aus dieser Sicht analysiert und systematisiert er die Fülle jener Maßnahmen, die die einzelnen Wirtschaften gegen „ungünstige(-) Umstände"[22] von außerhalb ihrer Wirtschaftspläne ergreifen. Das Ergebnis ist in seiner Art dem vergleichbar, was in der allgemeinen betriebswirtschaftlichen Literatur unserer Zeit als Risikolehre und Risikopolitik behandelt wird[23].

Aus dem Katalog der angeführten Maßnahmen greift *Emanuel Herrmann* jene heraus, die sich unter einem bestimmten Aspekt gleichen und die er als Versicherung ansieht. Nun lassen sich beliebige Sachverhalte zu einer Klasse zusammenfassen, wenn man nur einen dafür geeigneten Gesichtspunkt zugrunde legt. Insoweit kann das Resultat, hier also die Bestimmung der Klasse Versicherung, willkürlich sein. Deckt sich das mit der Auffassung des Autors? Hat er sich etwa für sein Prinzip der Versicherung *entschieden*, weil es seine Absicht fördert, eine „praktisch anwendbare Versicherungstheorie" zu schaffen? Einige Äußerungen lassen dies möglich erscheinen; andere stehen dem entgegen. So geht es dem Autor vor allem darum, das Wesen der Versicherung zu *erkennen*. Das legt aber nahe, jede Willkür des Ergebnisses zurückzuweisen und seine ausschließliche Geltung zu fordern. Diese Interpretation findet weitere Stützen: Die meisten Nationalökonomen jener Zeit haben eine andere Meinung über das Wesen der Versicherung; sie befinden sich daher im „Irrthum". Und was „die praktischen Assecuranzmänner" — abweichend von seiner „Erkenntnis" — für Versicherung halten, ist „eine arge Selbsttäuschung"[24].

Wodurch zeichnet sich nun jenes besondere Prinzip, das *Emanuel Herrmann* gefunden hat, als „Charaktermerkmal der Versicherung" aus? Wie rechtfertigt sein Urheber dieses Prinzip? Es entsteht der Eindruck, als ob das Wesen der Versicherung durch eine Ableitung begründet werden soll. Diese Ableitung, die sich in zwei Schritte zerlegen läßt, ist bekannt. Ich komme darauf zurück, um sie näher zu charakterisieren:

1. *Emanuel Herrmann* führt seine Überlegungen am Beispiel des Schadenersatzgeschäftes vor. Das ist bemerkenswert. Wenn er nämlich

---
[22] *Herrmann*, Die Theorie der Vers. vom wirthschaftlichen Standpunkte, S. 129.
[23] Vgl. z. B. *Sandig*, Art. Risiko, oder *Fischer*, Die Betriebsführung, Bd. 1, S. 493 ff.
[24] Zu diesem Abschnitt siehe *Herrmann*, Die Theorie der Vers. vom wirthschaftlichen Standpunkte, S. VIII, 2, 20, 63, 141.

in derselben Weise eine andere Maßnahme analysiert, die nicht der (später von ihm gebildeten) Klasse Versicherung angehört, wird er zu einem anderen Ergebnis kommen. Das Prinzip, das die Klasse schafft, ist aber noch nicht entdeckt. Muß darum nicht ein (unausgesprochenes) Vorurteil das Schadenersatzgeschäft zur Versicherung erklärt haben?

2. Am Schadenersatzgeschäft lassen sich verschiedene Prinzipien aufdecken. Zu welchem man gelangt, ist allein eine Frage des Aspektes. Das Prinzip der „Association vieler Individuen" z. B. soll nicht das Wesentliche sein, weil die Versicherung es „mit vielen *anderen* (e. H.) Wirthschaftszweigen ... gemeinsam annimmt". Das Prinzip der „Compensation des Zufalls" aber soll das Rätsel lösen, obwohl es „fremdartige(-) und unzusammengehörige(-) Formen und Gestalten" zusammenfaßt. Beide Prinzipien verbinden also Verschiedenes zu einer Einheit. Das eine wird *deshalb* verworfen, das andere *trotzdem* akzeptiert. Die mögliche Auflösung des Widerspruchs, den man darin sehen kann, wird ebenfalls nicht ausgesprochen. Sie hängt vermutlich mit dem speziellen Aspekt des Autors zusammen, dessen Vorrang vor anderen für die Erkenntnis des Wesens aber nicht begründet wird[25].

Zum Versicherungsprinzip von *Emanuel Herrmann* kann ich also feststellen, daß die Geltung, auf die er pocht, in rational faßbarer Weise nicht oder wenigstens nicht vollständig erwiesen ist[26].

Wie steht es nun aber um seine weitere Kennzeichnung des Schadenersatzgeschäftes durch die Betonung der Parallelen zum Glücksspiel? Zunächst fällt auf, daß er auf dieser Grundlage die typischen Gefahren des Versicherers ermittelt und so eine spezielle Risikolehre des Versicherungsbetriebes entwickelt hat. Die Betrachtungsweise ist also ergiebig und insoweit vertretbar. Eine solche Rechtfertigung genügt *Emanuel Herrmann* aber offensichtlich nicht; er erwähnt sie nicht einmal, sondern fordert auch diesmal allgemeine Verbindlichkeit seines Standpunktes und seines Ergebnisses. Auch hier soll es sich um „Erkenntniß des Wesens der Versicherung" handeln. Er hält seinen Gegnern, die die Versicherung für das Gegenteil eines Glücksspiels halten, darum Verwechslung und Irrtum vor und sucht Hilfe bei den Juristen (aleatorische Verträge), deren Einsicht er vorher gründlich in Frage gestellt hat. Vor allem aber weist er darauf hin, daß seine Darstellung „in gewisser Beziehung wirklich wissenschaftlich richtig und

---

[25] Zu den letzten drei Abschnitten siehe *Herrmann*, Die Theorie der Vers. vom wirthschaftlichen Standpunkte, S. 20, 45, 109.

[26] Vgl. dazu das Vorwort seines Buches, in dem ein Beweis angekündigt wird (*Herrmann*, Die Theorie der Vers. vom wirthschaftlichen Standpunkte, S. VI).

wahr" ist. Man kann davon Kenntnis nehmen, die Begründung aber bleibt *Emanuel Herrmann* auch diesmal schuldig[27].

22.02 Der Versicherungsbegriff von Adolph Wagner[28]

Adolph Wagner hat die Gemüter (u. a.) jener Zeitgenossen bewegt, die der Versicherung nahe standen. Er hat nämlich die Frage untersucht, ob „auch das Versicherungswesen ... aus der privatwirthschaftlichen in die gemeinwirthschaftliche Organisationsform ... hinübergeführt werden" soll[29]. Dieser Arbeit räumt *Werner Plath*, Leiter privater Versicherungsunternehmen, in unseren Tagen „nur noch historischen Wert" ein[30]. Heute noch akut ist aber die Frage nach der „Natur aller Versicherung überhaupt", die *Adolph Wagner* ebenfalls gestellt und auf deren Beantwortung er eines seiner Argumente für eine Verstaatlichung zurückgeführt hat[31].

22.02.1 Die Merkmale des Begriffs

Adolph Wagner bestimmt den Versicherungsbegriff durch zweierlei Kriterien: die einen beschreiben das *Objekt* der Versicherung, die anderen ihre *Durchführung*. Als Objekt der Versicherung faßt er die Gefahr oder das Risiko auf, infolge eines bestimmten Ereignisses einen Vermögensnachteil zu erleiden[32]. Die Durchführung der Versicherung besteht nach seiner Meinung in der Vereinigung vieler Fälle, die in gleicher Weise bedroht sind und die tatsächlich eintretenden Nachteile untereinander ausgleichen[33].

Auf dieser Basis lautet die Definition: „Versicherung im wirtschaftlichen Sinne ist diejenige wirtschaftliche Einrichtung, welche die nachteiligen Folgen (zukünftiger) einzelner, für den Betroffenen zufälliger, daher auch im einzelnen Falle ihres Eintretens unvorhergesehener Ereignisse für das Vermögen einer Person dadurch beseitigt oder wenigstens vermindert, daß sie dieselben auf eine Reihe von Fällen verteilt, in denen die gleiche Gefahr droht, aber nicht wirklich eintritt[34]."

Die Länge dieses Satzes beeinträchtigt die Verständlichkeit der Definition. Ihr Schwergewicht liegt auf der Art und Weise, wie die Versicherung bewirkt wird — formal also auf den beiden letzten Neben-

---

[27] Zu diesem Abschnitt siehe *Herrmann*, Die Theorie der Vers. vom wirthschaftlichen Standpunkte, S. 3, 21, 33 f., 60 f., 63 ff., 70 ff.
[28] 1881—1898.
[29] *Wagner*, Der Staat und das Verswesen, S. 5.
[30] *Plath*, Art. Verstaatlichung, Sp. 2399.
[31] *Wagner*, Der Staat und das Verswesen, S. 32 f.
[32] Vgl. *Wagner*, Verswesen, S. 361.
[33] Vgl. *Wagner*, Verswesen, S. 360 und 379.
[34] *Wagner*, Verswesen, S. 359.

sätzen und materiell auf der Bildung von „Gefahren-Gemeinschaften"[35]. In diesem Sachverhalt sieht *Adolph Wagner* „das der Versicherung spezifisch Eigentümliche"[36], „das ökonomische Wesen der Versicherung"[37] oder das „Princip der Versicherung"[38]. Demgegenüber treten die Merkmale der anderen Kategorie auffallend zurück und erhalten keine besondere Klarheit. Von ihnen hängt im wesentlichen nur ab, ob das Versicherungsprinzip anwendbar ist. Die wichtigste Voraussetzung dafür besteht in „Momente(n) der Ungewißheit", die in der Definition durch eine Reihe anderer Ausdrücke umschrieben wird. Andere Merkmale ermöglichen „nicht durchaus erst" die Versicherung, sondern begünstigen nur ihre „Durchführbarkeit". Das scheint auch für zwei Merkmale zu gelten, die in der Definition enthalten sind, und zwar 1. für die Zufälligkeit der Ereignisse und 2. für das Ausmaß des Gesamtschadens, das in bestimmten Grenzen bleiben soll[39]. Das gilt aber auch für weitere Merkmale, die in der Definition nicht ausgesprochen werden, nämlich 1. für die Möglichkeit, die Ursache der Ereignisse sicher zu erkennen und den Umfang der einzelnen Schäden genau festzustellen, und 2. für die genügend sichere Bestimmbarkeit des erwarteten Gesamtschadens[40].

Der Versicherungsbegriff von *Adolph Wagner* ist das Ergebnis einer Auseinandersetzung mit *Ludwig Elster,* dessen Definition er im entscheidenden Punkt (nur) für unvollständig gehalten hat[41]. Er hat darum jene Definition fast wörtlich übernommen und ihr sein eigentliches Versicherungsprinzip hinzugefügt, wodurch klargestellt wird, in welcher Weise die Versicherungsleistung zustande kommt[42].

22.02.2 Die Perspektive des Begriffs

Der wirtschaftliche Aspekt der Betrachtung wird in der Definition zweimal ausgesprochen. Das kann zunächst als Klärung des Standpunktes angesehen werden, von dem aus ein Professor der Staatswissenschaften einen bestimmten Sachverhalt analysiert. Dafür spricht u. a. auch der Hinweis, daß sich in der Volks*wirtschafts*lehre häufig

---

[35] *Wagner,* Verswesen, S. 360.
[36] *Wagner,* Verswesen, S. 360.
[37] *Wagner,* Bemerkungen über einige Puncte des Verswesens, S. 171.
[38] *Wagner,* Der Staat und das Verswesen, S. 35.
[39] Vgl. die Definition: „... eine Reihe von Fällen, in denen die gleiche Gefahr ... nicht wirklich eintritt."
[40] Vgl. *Wagner,* Verswesen, S. 365 ff. Siehe auch die vorher zum Teil abweichende Ansicht in: *Wagner,* Der Staat und das Verswesen, S. 35.
[41] Die Definition von *Elster* lautet: „Durch die Vers. werden die nachteiligen Folgen, welche durch ein zufälliges, unvorhergesehenes Ereignis hervorgerufen eine Person in ihrem Vermögen schädigen, beseitigt oder wenigstens vermindert" (Die Lebensvers. in Deutschland, S. 6).
[42] Vgl. *Wagner,* Bemerkungen über einige Puncte des Verswesens, S. 166 ff., und Der Staat und das Verswesen, S. 35 f.

Irrtümer ergeben, weil eine ökonomische Auffassung der Versicherung ohne weiteres mit einer gegebenen rechtlichen identifiziert wird[43]. Anderen Disziplinen scheint insoweit ihr eigener Gesichtspunkt zuzukommen. *Adolph Wagner* demonstriert das am Beispiel der Versicherung. In ökonomischer Hinsicht möchte er an seinem Versicherungsprinzip festhalten, also an der notwendigen Vereinigung von Risiken, zwischen denen ein Ausgleich stattfindet. Andererseits gibt er zu, daß dieses Merkmal aus juristischer Sicht durchaus beanstandet werden kann, da der Versicherer auf Grund des Versicherungsvertrages ohne Rücksicht auf den Ausgleich und u. U. aus seinen Mitteln zu leisten habe[44].

Trotzdem fallen verdächtige Worte, die eine weitergehende Interpretation der wirtschaftswissenschaftlichen Perspektive nahe legen. So mißbilligt er die juristische Auffassung von *Ludwig Elster,* der auf diesem Wege „zu einer unrichtigen, mindestens schiefen und einseitigen *Grundansicht* (e. H.) vom Versicherungswesen" komme[45]. In einer anderen Schrift desselben Jahres hält er ihm vor, daß sein Ausgangspunkt „zu falschen Schlüssen über das *eigentliche* (e. H.) Wesen der Versicherung führen muß"[46]. In einer späteren Veröffentlichung deckt er einen ökonomischen Tatbestand auf, der trotz äußerlicher Verschiedenheit der Vertragsform, „unter dieser Rechtsform verhüllt", „bei jeder wahren Versicherung" vorliege[47]. An anderen Stellen betont er „die nur einem Juristen mögliche Einseitigkeit der Auffassung"[48] und den „rein formalistische(n)" Aspekt jener Ansicht[49]. Das sind zumindest einige Symptome, die eine wirtschaftliche Interpretation der Versicherung in den Augen von *Adolph Wagner* als ergiebiger und umfassender erscheinen lassen. Wer das eigentliche und wahre Wesen der Versicherung sucht, hätte demnach den ökonomischen Standpunkt vorzuziehen.

22.02.3 Die Geltungsgrundlage des Begriffs

Die Geltung der Begriffsbestimmung wird mit einem Argument beansprucht, das zunächst verblüfft und dessen Bedeutung erst aus seiner ständigen Wiederholung erhellt. Es ist dies, daß die Begriffsbestimmung jenen charakteristischen Sachverhalt treffend beschreibt, der bei aller Versicherung vorliegt. Wo es um die gesamte Definition geht, lautet die Begründung jedesmal weitgehend wörtlich so: „Diese Definition *paßt* e. H.) für alle Systeme ..., Arten und Zweige der Ver-

---
[43] Vgl. *Wagner,* Der Staat und das Verswesen, S. 34.
[44] Vgl. *Wagner,* Bemerkungen über einige Puncte des Verswesens, S. 171.
[45] *Wagner,* Bemerkungen über einige Puncte des Verswesens, S. 166.
[46] *Wagner,* Der Staat und das Verswesen, S. 16.
[47] *Wagner,* Verswesen, S. 380.
[48] *Wagner,* Verswesen, Fußnote 5, S. 360.
[49] *Wagner,* Verswesen, S. 381.

sicherung, auch für die sogenannte Selbstversicherung im Gebiete der Sachversicherungen und wie für letztere, so auch für die Lebensversicherung..."[50]. Auch das so wichtige Versicherungsprinzip wird auf diese selbe Weise vertreten, und zwar das eine Mal fast wörtlich in der obigen Fassung[51] und das andere Mal mit dem Hinweis, daß es sich „bei allen Arten und Zweigen der Sach- und Lebensversicherung"... „*findet*" (e. H.)[52]. Nur in sprachlicher Abwandlung wird das Objekt der Versicherung ebenfalls so gerechtfertigt: Es „ist stets und wiederum bei allen Arten, Zweigen und Systemen der Versicherung" die schon erläuterte Gefahr[53].

Über diese stereotype Begründung geht *Adolph Wagner* in seinen Schriften über Begriff und Wesen der Versicherung nicht hinaus. Ich nehme daher an, daß er sie für eine wissenschaftliche Erörterung des Gegenstandes als ausreichend angesehen hat. Diese Vermutung wird noch dadurch gestützt, daß er sich kritisch gegen *Ludwig Elster* u. a. wendet, der ebenso wie die Leser *überzeugt* werden soll. Damit würde aber die Frage offenbleiben, wie *Adolph Wagner* selbst jenen Sachverhalt *ermittelt* hat, der „grundsätzlich" bei aller Versicherung „waltet"[54]. Glücklicherweise gibt es doch noch eine ausdrückliche Antwort, da er an anderer Stelle den methodischen Hintergrund seiner Wissenschaft darlegt. In einem seiner Hauptwerke werden nämlich in einem umfangreichen Kapitel „Object, Aufgaben, Methoden (und) System der Politischen Ökonomie" behandelt[55]. Es liegt nahe, daß er sich jene Grundsätze, die darin als allgemein verbindlich hingestellt werden, zur Richtschnur für die eigene Forschungsarbeit gemacht hat.

Adolph Wagner[56] nennt drei theoretische Aufgaben, die zusammen zu dem Ziel hinführen, „die wirthschaftlichen Erscheinungen richtig kennen und verstehen zu lernen". Im einzelnen sind es die folgenden, die in dieser Ordnung nacheinander gelöst werden sollen:

1. Die individuellen und konkreten wirtschaftlichen Tatbestände sollen in großer Zahl und in allen faßbaren Einzelheiten *festgestellt* werden.

---

[50] *Wagner*, Verswesen, 1898, S. 360. Vgl. auch *Wagner*, Bemerkungen über einige Puncte des Verswesens, 1881, S. 167, und *Wagner*, Der Staat und das Verswesen, 1881, S. 36.

[51] „Diese Auffassung passt für alle Arten der Vers., auch für die Lebensvers. ... Sie trifft insbesondere auch bei der sogenannten Selbstvers. ... zu ..." (*Wagner*, Bemerkungen über einige Puncte des Verswesens, S. 166).

[52] *Wagner*, Verswesen, S. 360.

[53] *Wagner*, Verswesen, S. 361.

[54] *Wagner*, Verswesen, S. 361.

[55] *Wagner*, Grundlegung der politischen Ökonomie, S. 137.

[56] Zur Wiedergabe der wissenschaftlichen Methode *Wagners* siehe *Wagner*, Grundlegung der politischen Ökonomie, S. 137 ff., insbes. S. 148 f.

2. Das *Typische* an ihnen soll *ermittelt* werden.
3. Ihre Ursachen und Bedingungen sollen *erklärt* werden.

Die Bestimmung des Versicherungsbegriffs fällt in den Bereich der zweiten Aufgabe, die darum hier allein interessiert.

Wie schreitet der Wissenschaftler nun fort von bestimmten einzelnen Vorgängen in der Wirtschaft zu dem gesuchten Wesen der Versicherung? Die Ausführungen von *Adolph Wagner* lassen es zu, zwei Schritte zu unterscheiden. Zunächst ist es erforderlich, die gegebenen und konkreten Einzelheiten „mit einiger Aufmerksamkeit" zu beobachten und auf sich wirken zu lassen und dabei das wirtschaftliche Leitmotiv der Menschen zu berücksichtigen. Auf diese Weise wird es unwahrscheinlich, das Ähnliche und das Unähnliche, das Übereinstimmende und das Verschiedene an ihnen „zu übersehen". Der zweite Schritt erscheint schwieriger und für ein Urteil über diese Methode wichtiger. Er beruht darauf, die Beobachtungen zu intensivieren („ausdehnen oder wiederholen"). *Adolph Wagner* knüpft daran die Hoffnung, daß sich so „eventuell" (e. H.) das Entscheidende und das Unbedeutende, das Wesentliche und das Äußerliche, das Typische und das Zufällige „von einander abheben".

Dieses Typische ist „das wahre Wesen", der „eigentliche(-) Grundcharacter der Erscheinungen". Seine Abstraktion aus den komplexen Vorgängen der Wirtschaft schafft die Grundlage für den Begriff, indem es selbständig erfaßt wird. Die besondere Durchführung und das besondere Objekt aller Versicherung, die *Adolph Wagner* beide in seiner Definition anführt, sind also nach seiner Meinung Typisches in dem erläuterten Sinne.

22.03 Der Versicherungsbegriff von Alfred Manes[57]

Unter denen, die sich mit dem Wesen der Versicherung beschäftigt haben, nimmt *Alfred Manes* eine hervorragende Stellung ein. Nachdem er seine Definition der Versicherung 25 Jahre in der Literatur vertreten hatte, glaubte er im Jahre 1930, die „überaus häufige Zitierung (s)einer Begriffsbestimmung" lasse ihren „Sieg" über alle anderen Definitionsversuche erwarten[58]. In der Tat hat *Dieter Farny* im Jahre 1965 festgestellt, daß jener Begriff von *Alfred Manes* am häufigsten verwendet wird[59]. Und eben dieser Begriff hat auch am Anfang jener Diskussion gestanden, an die ich diese Arbeit anschließe[60]. Der Ver-

---

[57] 1905—1932.
[58] *Manes*, Verswesen, 5. Aufl., 1. Bd., Fußnote 1, S. 2.
[59] *Farny*, Produktions- und Kostentheorie der Vers., S. 5.
[60] Vgl. Ziffer 12.01, S. 15 ff. dieser Arbeit.

sicherungsbegriff von *Alfred Manes* verdient daher besondere Aufmerksamkeit.

22.03.1 Die Merkmale des Begriffs

Alfred Manes legt in einem bestimmten, allerdings vordergründigen Sinne dar, wie er zu den einzelnen Merkmalen seines Versicherungsbegriffs kommt[61]. In Anlehnung an die „lichtvolle Darstellung" der Versicherung durch *Ulysses Gobbi*[62] geht er aus von der wirtschaftlichen Tätigkeit der Menschen und dem Zweck, dem sie dient. Dieser Zweck sei „die Deckung des verschiedenartigsten Bedarfs". Aus der Gesamtheit der Bedarfsdeckung hebt er nun eine spezielle heraus. Er führt dafür fünf Gesichtspunkte an, von denen vier den Bedarf und einer seine Deckung betreffen. Es sind folgende: 1. ein zukünftiger, in absehbarer Zeit eintretender Bedarf; 2. ein ungewisser Bedarf; 3. ein Bedarf, mit dessen Möglichkeit eine große Zahl von Wirtschaften rechnen muß, obwohl nicht alle davon betroffen werden; 4. ein Bedarf, dessen Gesetzmäßigkeit innerhalb einer ausreichend großen Zahl von Wirtschaften trotz anscheinend zufälliger Ereignisse erkannt ist; 5. eine Deckung dieses Bedarfs durch gemeinsame Kostentragung von Wirtschaften, die denselben Bedarfsfällen ausgesetzt sind.

Versicherung ist die so gekennzeichnete Bedarfsdeckung. Sie ist „*mithin*" (e. H.): „gegenseitige Deckung zufälligen schätzbaren Bedarfs zahlreicher gleichartig bedrohter Wirtschaften[63]."

Diese Definition der Versicherung ist angenehm kurz und einprägsam; sie ist aber auch ungenau und bedarf der Ergänzung. Das hat *Alfred Manes* veranlaßt, die einzelnen Begriffe seiner Formulierung ausführlich zu erläutern[64]. Dabei fällt einmal auf, daß viele Merkmale in einem besonderen Sinne (um)gedeutet werden[65]. Das ist sicherlich zu beachten. Dieser Schönheitsfehler ist aber nicht von besonderem Interesse für diese Arbeit. Wichtiger ist ein anderes: Es sind nicht nur die in der Definition genannten neun Merkmale, die das Wesen der Versicherung erklären; mindestens zwei weitere kommen hinzu:

1. Alle Versicherung ist *entgeltlich*. Dieses Merkmal ist nach *Alfred Manes* implizit in seiner Definition vorhanden[66].

---

[61] *Manes*, Verswesen, 5. Aufl., 1. Bd., S. 1 f.
[62] *Manes*, Art. Vers., Verslexikon, 1909, Sp. 1421. Zum VersBegriff von *Gobbi* siehe *Gobbi*, Die Theorie der Vers. begründet auf den Begriff der eventuellen Bedürfnisse.
[63] Das ist die letzte Fassung, die *Manes* seiner Definition gegeben hat. Vgl. Grundzüge des Verswesens, 5. Aufl., S. 3.
[64] Siehe *Manes*, Verswesen, 5. Aufl., 1. Bd., S. 2 ff., und *Manes*, Art. Begriff, Verslexikon, 3. Aufl., Sp. 291 ff.
[65] Siehe z. B. die Interpretation des Merkmals zufällig (*Manes*, Verswesen, 5. Aufl., 1. Bd., S. 6).
[66] *Manes*, Verswesen, 5. Aufl., 1. Bd., S. 5.

2. Ein fester *Anspruch* auf die Versicherungsleistung „gehört begrifflich zur Versicherung"[67]. Das ist ohne Zweifel ein zusätzliches Merkmal, das in der Definition nicht enthalten ist. Der juristische Hintergrund hebt es im übrigen von allen anderen deutlich ab.

22.03.2 Die Perspektive des Begriffs

Die Definition von *Alfred Manes* beruht auf einer *wirtschafts*wissenschaftlichen Betrachtung bestimmter Vorgänge in der Wirklichkeit. Dieser Perspektive legt er einen besonderen Rang bei. Sie steht nach seiner Ansicht keineswegs neben anderen, die ihr ebenbürtig sind; denn die Versicherung ist „zunächst in ihrem Wesen weder technisch noch juristisch, sondern vielmehr eine wirtschaftliche Einrichtung"[68]. Das ist eine interessante Behauptung, die aber nicht stichhaltig begründet wird. Jede andere Einstellung zum Versicherungsbegriff wird mit „einer geradezu unfaßbaren Kurzsichtigkeit" und der Überschätzung anderer Wissenschaftsgebiete abgetan[69]. Wenn die Behauptung trotzdem richtig ist, folgt aus ihr die Forderung nach einem einheitlichen Versicherungsbegriff aller Disziplinen, die sich mit der Versicherung befassen. Wenn z. B. Juristen von dieser Linie abweichen, verfehlen sie den Begriff „im eigentlichen Sinne"[70]. An die Juristen scheint nur folgendes Zugeständnis möglich zu sein: Wenn sie schon das einzelne Versicherungsverhältnis (und nicht „das ganze Gebilde") definieren wollen, sollen sie die wirtschaftlich relevanten Merkmale ausreichend berücksichtigen[71].

22.03.3 Die Geltungsgrundlage des Begriffs

Alfred Manes stellt im Grunde das Verhältnis klar, in dem seine Definition zu jenen Sachverhalten steht, auf die sie sich bezieht. Er will „das Problem lösen, einen allgemein verständlichen, möglichst kurzen Ausdruck zu finden für sämtliche Versicherungsmethoden, -gruppen, -zweige, -arten und -formen"[72]. In dieser Aussage liegt der Schlüssel dafür, wie *Alfred Manes* zum Wesen der Versicherung steht. Ich lege seine Auffassung in folgenden Schritten dar[73]:

---

[67] *Manes*, Verswesen, 5. Aufl., 1. Bd., S. 4.
[68] *Manes*, Verswesen, 5. Aufl., 1. Bd., S. 10.
[69] Vgl. *Manes*, Verswesen, 5. Aufl., 1. Bd., Fußnote 3, S. 10.
[70] *Manes*, Art. Begriff, Verslexikon, 3. Aufl., Sp. 296.
[71] Vgl. dazu das positive Urteil über die Definitionen von *Hupka* (*Manes*, Verswesen, 5. Aufl., 1. Bd., S. 11, und *Manes*, Zur Begriffsbestimmung der Vers. Rezension zu: *Hupka*, Der Begriff des VersVertrags, S. 802 f.) und von *Wolff* (*Manes*, Art. Begriff, Verslexikon, 3. Aufl., Sp. 296).
[72] *Manes*, Verswesen, 5. Aufl., 1. Bd., S. 8; im übrigen übereinstimmend in allen 5 Auflagen des Verswesens.
[73] Als Beleg für die anschließende Interpretation siehe auch die Kritik, die *Manes* an der Bezeichnung bestimmter Wirtschaftsvorgänge übt. So lehnt er den Terminus Vers. im Falle der sog. Selbstvers'en ab, weil sie „es gar

1. Das Problem, das zu erörtern ist, besteht in bestimmter Hinsicht nicht darin, *was* Versicherung ist. *Alfred Manes* stellt *sich* diese Frage nicht. Für ihn scheint sie einer Untersuchung nicht zu bedürfen. Die Antwort steht nämlich von vornherein fest: es sind sämtliche Versicherungsmethoden, -gruppen usw. Oder mit anderen Worten: Das Problem ist nicht die Bildung eines Begriffs (da er feststeht), sondern seine Erläuterung[74]. Der Versicherungsbegriff soll „allgemein verständlich(-)" gemacht, vom Wesen der Versicherung soll eine „deutliche Vorstellung"[75] vermittelt werden.

2. Ob ein bestimmter empirischer Sachverhalt Versicherung ist, hängt nicht unmittelbar von der Begriffsbestimmung oder Begriffserläuterung ab. Die Definition ist vielmehr selbst die Abhängige in einer anderen Beziehung. Sie hat das Wesen der Versicherung auszudrücken, das jenen ausgezeichneten Sachverhalten eigen ist.

3. Zutreffend ist die Definition, wenn sie das bezeichnet, was wirklich Versicherung ist.

Unter diesen Umständen stellt sich nun die Frage, welches überprüfbare Kriterium *Alfred Manes* dafür anbietet, daß seine Definition der Versicherung zutrifft.

Ich gehe zunächst von seinen Hauptwerken aus. In der fünften Auflage des Versicherungswesens ist nur ein formaler und unzureichender Anhaltspunkt zu finden. Man könnte nämlich prüfen, ob die Definition all jenen Sachverhalten gerecht wird, die *Alfred Manes* im zweiten und dritten Band seines Werkes Versicherungen nennt. Aber was wäre damit erreicht? Selbst im Falle einer mangelnden Übereinstimmung hätte man noch nicht die geringste Spur, um dem Wesen der Versicherung direkt, d. h. ohne die vermittelnde Beschreibung von *Alfred Manes* näherzukommen. Der Versuch wäre daher wertlos.

Ein materielles Kriterium hat *Alfred Manes* nur vorübergehend vertreten. Nach der ersten Auflage des Versicherungswesens soll nämlich „der vernünftige allgemeine Sprachgebrauch" für „eine wissenschaftliche wirtschaftliche Definition des Begriffs Versicherung" maßgebend sein[76]. Einerseits ist dieser Hinweis zu unbestimmt, um danach vorzugehen. Andererseits scheint mir, daß *Alfred Manes* dabei nur an ein Verbot gedacht hat, weil einige vor ihm Versicherungsbegriffe erläu-

---

nicht sind"; er läßt ihn andererseits gelten für die (damaligen) Streikentschädigungen, weil sie „wirtschaftlich als Vers'en zu betrachten sind" (*Manes*, Verswesen, 5. Aufl., 1. Bd., S. 8).

[74] Siehe auch die Überschrift, unter der *Manes* seine Überlegungen zum VersBegriff anstellt („§ 1. Begriffserläuterung." Verswesen, 5. Aufl., 1. Bd., S. 1).

[75] *Manes*, Verswesen, 5. Aufl., 1. Bd., S. 2.

[76] *Manes*, Verswesen, 1905, S. 4.

tert haben, die über den üblichen Gebrauch des Terminus hinausgehen[77]. Von der zweiten Auflage ab heißt es dann, daß es auf diesen Sprachgebrauch allein nicht ankomme[78]. Man wird geradezu neugierig gemacht und erfährt doch nicht, was neben dem Sprachgebrauch noch wichtig sein soll. Oder vielleicht doch? *Alfred Manes* macht darauf aufmerksam, daß sich Begriffe ändern müssen, wenn sich das Wirtschaftsleben ändert. In solchen Fällen habe die Wissenschaft ihre Definition „der Auffassung des praktischen Lebens" anzupassen, „sofern diese nicht etwa widersinnig ist"[79]. Der Sinn dieser Worte läßt sich leider nicht eindeutig ausmachen. Der Autor hat auch nicht daran festgehalten und selbst diesen spärlichen Hinweis in der nächsten und in der letzten Auflage unterlassen.

Nun ist *Alfred Manes* selbst nicht immer bei derselben Definition der Versicherung geblieben. Sie lautet vielmehr in den ersten vier Auflagen des Versicherungswesens: „... unter Versicherung versteht man: auf Gegenseitigkeit beruhende wirtschaftliche Veranstaltungen zwecks Deckung zufälligen schätzbaren Vermögensbedarfs"[80]. Die andere, neue Fassung ist bekannt[81]. Es liegt nahe, für den Unterschied eine Begründung zu erwarten, die auch an die Geltungsgrundlage des Begriffs heranführt. Aber *Alfred Manes* sieht in der neuen Formulierung keine „Änderung (s)einer Grundauffassung von der Versicherung", sondern nur eine sprachliche Präzisierung des Begriffsinhaltes[82]. Dem ersten Halbsatz kann ich zustimmen, wenn ich nicht nur die Definitionen berücksichtige, sondern die gesamten Begriffserläuterungen.

Eine weitere Hoffnung für eine Lösung der anstehenden Frage ruht auf den Stellungnahmen zu den Definitionen anderer Autoren. *Alfred Manes* hat sich dazu häufig geäußert, und zwar sowohl in seinen Hauptwerken als auch in gelegentlichen Rezensionen, vor allem aber in seinem „Kampf" um den Versicherungsbegriff gegen *Franz Helpenstein*[83]. Gerade in dieser Auseinandersetzung fallen ermutigende Worte für meine Erwartung; denn *Alfred Manes* verspricht, die Unhaltbarkeit der Ansicht seines „Gegners" zu beweisen, indem er „ihre *unzureichende, unlogische Fundamentierung* veranschauliche"[84] (i. O. g.). Aus diesen Beweisen müßten Rückschlüsse auf die logische Grundlage der Defini-

---
[77] Siehe insbesondere die Definition von *Herrmann*, Ziffer 22.01, S. 24 ff. dieser Arbeit.
[78] *Manes*, Verswesen, 2. Aufl., S. 5.
[79] *Manes*, Verswesen, 2. Aufl., S. 5.
[80] *Manes*, Verswesen, 1905, S. 1.
[81] Vgl. Ziffer 22.03.1, S. 34 dieser Arbeit. Genau genommen ist die Definition in: Verswesen, 5. Aufl., 1. Bd., S. 2, eine Zwischenstufe. Ihr Unterschied zur letzten Fassung ist aber geringfügig.
[82] *Manes*, Verswesen, 5. Aufl., 1. Bd., Fußnote 1, S. 2.
[83] Siehe den Titel: Der umkämpfte Versbegriff (*Manes*).
[84] *Manes*, Der umkämpfte Versbegriff, S. 32.

tion von *Alfred Manes* möglich sein. Ich nehme das Ergebnis aller Äußerungen vorweg: *Alfred Manes* führt weder ein ausdrückliches noch ein erschließbares, rationales Kriterium für die Geltung seiner Begriffsbestimmung an. Damit bleibt die grundlegende Frage dieses Abschnitts also unbeantwortet[85].

22.03.4 Die Kritik an anderen Definitionen

Wer eine wissenschaftliche Lösung des anhaltenden Streites um den Versicherungsbegriff anstrebt, kann sich nicht damit begnügen, daß *Alfred Manes* seine Begriffsbestimmung rational nicht ausreichend rechtfertigt und keinen Weg weist, auf dem die Leser selbständig zum Wesen der Versicherung vorstoßen können. In dieser Hinsicht müssen die Bemühungen von *Alfred Manes* darum genauer charakterisiert werden. Die bisherigen Betrachtungen haben dafür schon eine Reihe von Anhaltspunkten ergeben. Da aber eine ausdrückliche Erklärung fehlt, müssen alle Indizien sorgfältig gesammelt werden, damit das spätere Urteil begründet ist[86]. Insofern sind nun die Äußerungen von *Alfred Manes* über andere Definitionen eine wahre Fundgrube. Ich stelle darum zusammen, was er anderen Autoren entgegengehalten hat. Es sind „Argumente" darunter, die ihre Eignung für meine Absicht nicht auf den ersten Blick erkennen lassen. Man stoße sich daher nicht daran, daß ich sie hier aufführe.

Um fremde Definitionen zurückzuweisen, beruft sich *Alfred Manes* häufig auf die geringe Zahl ihrer Anhänger[87]. Zum Zwecke der Abwertung stellt er ihnen andererseits die weite Verbreitung entgegen, die seine Begriffsbestimmung insgesamt oder in einzelnen Merkmalen findet[88]. Gegen alle Gegner stellt er pauschal klar, daß sie ihn nicht zu einer grundsätzlichen Änderung seiner Auffassung veranlaßt haben[89].

Daß die Versuche anderer Autoren nicht zu dem gewünschten bzw. von *Alfred Manes* anerkannten Erfolg geführt haben, scheint mit der

---

[85] Aus diesem Grunde interessiert die sekundäre Frage einer treffenden sprachlichen Fassung der Begriffsbestimmung von *Manes* zumindest vorerst nur am Rande. Vgl. Ziffer 22.03.1, S. 34 f. dieser Arbeit.

[86] Vgl. Ziffer 32.02, S. 97 ff. dieser Arbeit.

[87] *Manes*, Verswesen, 5. Aufl., 1. Bd., S. 9 (hier gegen die Spieltheorie und gegen die objektive Theorie); *Manes*, Art. Begriff, Verslexikon, 3. Aufl., Sp. 289 ff. (hier gegen die Spieltheorie, gegen die Leistungstheorie, gegen die Schadentheorie und gegen den betriebswirtschaftlichen Begriff von *Nerlich*); *Manes*, Art. Vers., Verslexikon, 1909, Sp. 1420 (hier gegen den Begriff des von *Boenigk*).

[88] *Manes*, Verswesen, 5. Aufl., 1. Bd., Fußnote 1, S. 1; *Manes*, Art. Begriff, Verslexikon, 3. Aufl., Sp. 290; *Manes*, Rezension zu: *Helpenstein*, Theorie der Vers., S. 114; *Manes*, Der umkämpfte Versbegriff, S. 33, 36 und 38.

[89] *Manes*, Art. Begriff, Verslexikon, 3. Aufl., Sp. 290. — *Manes* scheint im übrigen von einer umgekehrten Beweispflicht auszugehen. Wer gegen *seine* Definition antritt, muß sich schon um eine „überzeugende Argumentation" bemühen (vgl. *Manes*, Rezension zu: *Helpenstein*, Theorie der Vers., S. 114).

Zeitdauer zusammenzuhängen, die sie dem Fachgebiet gewidmet haben. So beanstandet *Alfred Manes* die „Erstlingsschrift" von *Franz Helpenstein* und rät ihm zu eifriger Beschäftigung mit der Versicherung, damit er dann „Richtigeres" vortrage. Die Befürworter seiner eigenen Definition sind dagegen Persönlichkeiten, die „alle ... z. T. Jahrzehnte in Theorie und Praxis der Versicherung stehen(-)"[90].

Ein anderer Fehler seiner Gegner besteht in der Wahl der falschen Perspektive. Aus diesem Grunde ist von vornherein gescheitert, wer eine einseitige technologische oder eine rein juristische Auffassung vertritt, wer einen rein betriebswirtschaftlichen Begriff der Versicherung aufstellen will, wer sich auf den Standpunkt der Objekte oder des Unternehmers stellt oder wer die Versicherung von einem philosophischen oder mechanisch-technischen Gesichtspunkt aus betrachtet[91].

Am häufigsten hebt *Alfred Manes* kritisch hervor, daß andere Definitionen bestimmte Sachverhalte einschließen, die nicht Versicherung sind, oder aber bestimmte Vorgänge ausschließen, obwohl sie „echte Versicherungen" sind. In diesem Zusammenhang spricht er von einem „Mißbrauch des Begriffs", der z. B. „auf der Verwechslung oder Gleichstellung von Sicherung und Versicherung (beruht)"; er rügt die „ungebührlich(e)" Ausdehnung oder Einengung des Versicherungsbegriffs, die beide „verkehrt" seien; oder er hält dem Urheber einer „Irrlehre" vor, daß er ein bestimmtes charakteristisches Merkmal der Versicherung „leugnet"[92].

Zweimal appelliert *Alfred Manes* ausdrücklich an die unmittelbare Einsicht, indem er darauf baut, daß man die Untauglichkeit einer bestimmten Definition „ohne weiteres erkennen" werde[93].

Ein letztes Indiz liefert das Streitgespräch mit *Franz Helpenstein*. Dieser hat u. a. das Merkmal der Zufälligkeit in Frage gestellt, weil die Praxis in einigen Versicherungszweigen auf dieses Erfordernis verzichte[94]. Dagegen erklärt *Alfred Manes* die Zufälligkeit zur „Grund-

---

[90] *Manes*, Rezension zu: *Helpenstein*, Theorie der Vers., S. 113 f.
[91] *Manes*, Verswesen, 5. Aufl., 1. Bd., S. 10; *Manes*, Zur Begriffsbestimmung der Vers., Rezension zu: *Krosta*, Über den Begriff der Vers., S. 801 f.; *Manes*, Art. Vers., Verslexikon, 3. Aufl., Sp. 1736; *Manes*, Art. Vers., Verslexikon, 1909, Sp. 1419 f.
[92] *Manes*, Verswesen, 5. Aufl., 1. Bd., S. 9 f.; *Manes*, Art. Begriff, Verslexikon, 3. Aufl., Sp. 290; *Manes*, Zur Begriffsbestimmung der Vers., Rezension zu: *Krosta*, Über den Begriff der Vers., S. 802; *Manes*, Rezension zu: *Helpenstein*, Theorie der Vers., S. 114; *Manes*, Der umkämpfte Versbegriff, S. 33; *Manes*, Art. Vers., Verslexikon, 1909, Sp. 1420 f.
[93] *Manes*, Rezension zu: *Helpenstein*, Theorie der Vers., S. 114; *Manes*, Der umkämpfte Versbegriff, S. 33.
[94] *Helpenstein*, Theorie der Vers., S. 28. — Die Definition von *Helpenstein* lautet so: „Kauf des Gutes Sicherheit zwecks Bedarfsdeckung in ungewissen Fällen; Versicherung ist die im wirtschaftlichen Verkehr getroffene Vorsorge, sich die Deckung eines im Falle eines Ereignisses eintretenden einmaligen

norm" und zum „Ausgangspunkt der Versicherung". Er führt „*Max Webers* kristallklare Lehre von der Bedeutung des Idealtyps" an und erläutert auf dieser Grundlage, daß das „eigentliche Wesen der Assekuranz" unabhängig davon ist, ob die insoweit unerläßliche Zufälligkeit in manchen Versicherungszweigen „verdrängt" werde[95].

22.04 Der Versicherungsbegriff von Joseph Hupka[96]

Als jene Auffassungen über das Wesen der Versicherung vorherrschten, die man später als Schadentheorie bezeichnet hat[97], fiel das Urteil über die Lebensversicherung verschieden aus. Die einen hielten sie für eine (Schaden-)Versicherung[98], die anderen bestritten ihren Versicherungscharakter[99]. An diesen „alten und ... fortdauernden Streit(-)" hat *Joseph Hupka* angeknüpft und „eine(-) neue(-) Fundierung des Versicherungsbegriffs" und eine neue Definition des Versicherungsvertrags versucht[100].

22.04.1 Die Merkmale des Begriffs

Um das Wesen der Versicherung zu kennzeichnen, verwendet *Joseph Hupka* vier Merkmale, nämlich 1. das Sicherungsmotiv, 2. die wirtschaftliche Unsicherheit, 3. das Risiko und 4. die Entgeltlichkeit.

Das *Sicherungsmotiv* betrifft den Zweck der Versicherung für den Nachfrager. Dieser Zweck ist in unterschiedlichen Deutungen in viele Definitionen eingegangen. Im Rahmen der Schadentheorie wird er darin gesehen, die wirtschaftlichen Folgen bestimmter Ereignisse auszugleichen[101]. Von dieser Auslegung rückt Joseph Hupka ab. Er möchte nicht das besondere Verhältnis in den Vordergrund stellen, das nach seiner Meinung nur in der Schadenversicherung zwischen den Folgen des Versicherungsfalls und der Versicherungsleistung besteht. Er erklärt den Versicherungszweck darum allgemeiner als „eine(-) *generelle(-)* Fürsorge für die Zukunft" (i. O. g.). Das Attribut „generell" soll dabei auf einen Bedarf hinweisen, der weder in einer ursächlichen noch in einer zeitlichen Beziehung zum Versicherungsfall stehen muß;

---

oder jährlich wiederkehrenden Bedarfs durch eine andere Wirtschaft zu sichern." (*Helpenstein*, Theorie der Vers., S. 34.)
[95] *Manes*, Der umkämpfte Versbegriff, S. 38.
[96] 1910.
[97] Vgl. z. B. *Krosta*, auf den die Systematik der Versbegriffe zurückgeht (Über den Begriff Vers., S. 9 ff.).
[98] Vgl. z. B. *Wagner*, Bemerkungen über einige Puncte des Verswesens, S. 166. Siehe im übrigen die zahlreichen Literaturhinweise bei *Hupka*, Der Begriff des Versvertrags, Fußnote 1, S. 546 ff.
[99] Vgl. z. B. *Elster*, Die Lebensvers. in Deutschland, S. 35. Siehe im übrigen die zahlreichen Literaturhinweise bei *Hupka*, a.a.O., Fußnote 2, S. 548 f.
[100] Vgl. *Hupka*, a.a.O., S. 546 ff. und S. 561.
[101] Vgl. z. B. *Wagner*, Verswesen, S. 395, und ansonsten die Definitionen, die *Krosta* zusammengestellt hat (Über den Begriff Vers., S. 9—17).

er kann davon völlig unabhängig sein. Es soll genügen, daß sich der Nachfrager gegen einen möglicherweise völlig unbestimmten (und daher unprüfbaren) Bedarf sichern will[102].

Dem Sicherungsmotiv soll eine wirtschaftliche *Unsicherheit* zugrunde liegen. Sie wird erläutert als eine „Ungewißheit", die sich auf die Höhe und/oder den Zeitpunkt des zu versichernden Bedarfs bezieht. Es wird nicht immer gefordert, daß sie objektiv begründet, wohl aber daß sie subjektiv wirklich vorhanden ist. Das Merkmal der Unsicherheit löst den Gefahrenbegriff alter Prägung ab. Dieser drückt nach *Joseph Hupka* die (nicht immer notwendige) Abhängigkeit des auszugleichenden Nachteils vom Versicherungsfall aus und ist daher zu eng, um das Sicherungsmotiv zu begründen (und zu begrenzen)[103].

Der Versicherungszweck wird dadurch erreicht, daß der andere Partner, der Versicherer, ein *Risiko* auf sich nimmt. Das Risiko ergibt sich aus den (unterschiedlichen) Absprachen der Parteien und besteht grundsätzlich darin, daß sie das Verhältnis ihrer Leistungen zueinander beim Abschluß des Vertrages offenlassen. Es handelt sich hier also um das Risiko eines jeden einzelnen Versicherungsvertrags und nicht um das versicherungstechnische Risiko[104].

Als weiteres wesentliches Merkmal führt *Joseph Hupka* die *Entgeltlichkeit* an. Er leitet dieses Merkmal aus *seinem* Risikobegriff ab und läßt darum unentgeltliche Sicherungsversprechen nicht als Versicherungsverträge gelten[105].

Die Zusammenfassung der erläuterten Merkmale zu einer „förmlichen" Definition lautet so: „Der Versicherungsvertrag ist ein entgeltlicher Vertrag, in welchem der eine Teil (Versicherungsnehmer) zum Zwecke der sicheren Deckung eines künftigen Bedarfs sich von dem anderen Teil (Versicherer) für einen bestimmten Ereignisfall oder Zeitpunkt (Versicherungsfall) eine Leistung versprechen läßt, deren Entrichtung, Umfang oder Verhältnis zur Gegenleistung von ungewissen, das Vermögen oder die Person des Versicherungsnehmers oder eines Dritten betreffenden Umständen abhängig ist[106]."

22.04.2 Die Methode der Begriffsbestimmung

Der Versicherungsbegriff von *Joseph Hupka* ist das Ergebnis einer „Untersuchungsmethode", die er folgendermaßen beschreibt: Man stelle zunächst die wesentlichen Merkmale der sogenannten Güterver-

---
[102] Zu diesem Abschnitt siehe *Hupka*, a.a.O., S. 561 ff., insbes. S. 564 ff., S. 569 und S. 576.
[103] Zu diesem Abschnitt siehe *Hupka*, a.a.O., S. 577 ff.
[104] Zu diesem Abschnitt siehe *Hupka*, a.a.O., S. 581 ff.
[105] Zu diesem Abschnitt siehe *Hupka*, a.a.O., S. 587 f.
[106] *Hupka*, a.a.O., S. 588.

sicherungen und dann der sogenannten Personenversicherungen fest. Man prüfe nun, ob die entdeckten Merkmale „gemeinschaftliche Elemente" enthalten, die die beiden Bereiche also verbinden und darüber hinaus von anderen Vertragsarten abgrenzen[107]. Damit ist formal, aber lückenhaft[108] der Weg angedeutet, der zu jenen vier Merkmalen geführt hat. Für das Anliegen, das in dieser Arbeit verfolgt wird, ist es nötig, einen Schritt weiterzugehen. Es sei daher gefragt, warum der Versicherungsbegriff (nur) in dieser Weise ermittelt werden soll oder kann und nicht so, wie es andere vorher und nachher versucht haben. Eine ausdrückliche Antwort, die insoweit keine Zweifel über die Gedanken des Forschers zurückläßt, liegt leider nicht vor. Es bleibt daher nur die Hoffnung, seine Vorstellung aus anderen Äußerungen herauszufinden.

22.04.3 Das Ziel der Begriffsbestimmung

Einen ersten Aufschluß verspricht folgende Frage: Welches Problem möchte *Joseph Hupka* lösen, wenn er sich mit dem strittigen Versicherungsbegriff beschäftigt? Das Problem wird an mehreren Stellen der Schrift erwähnt. So möchte der Autor prüfen, ob die genannten Verträge „Arten derselben juristischen Gattung" sind oder „dem Wesen nach verschiedene Dinge"[109]. Was ist nun aber eine juristische Gattung? Ist es eine Klasse von Verträgen, die der Gesetzgeber willkürlich schaffen kann, weil er für sie eine einheitliche rechtliche Regelung festlegen will? Oder handelt es sich um eine rechtliche Kategorie, die sich zwangsläufig aus den Eigentümlichkeiten der Verträge, aus dem Wesen also, ergibt und insoweit vom Willen des Gesetzgebers unabhängig ist? Eine Antwort auf diese Frage würde das Ziel der Begriffsbestimmung klarstellen und damit die logische Grundlage des Begriffs erhellen. Die Frage wird aber allenfalls indirekt beantwortet: Der Autor bemüht sich um die „Feststellung (! — e. H.) der wirklich allgemeinen Versicherungsidee" und um die „Erkenntnis (! — e. H.) des Grundgedankens der Versicherung"[110]; er ermutigt dazu, jene Übereinstimmung zu erforschen, die „der Sprachgebrauch (! — e. H.) instinktiv in allen von ihm als Versicherungen bezeichneten Geschäften findet"[111]. Das sind Formulierungen, die das Ziel eher in der Ermittlung eines vorgegebenen Wesens der Versicherung vermuten lassen als in der

---
[107] Vgl. *Hupka*, a.a.O., S. 547 ff.
[108] Was sind z. B. *wesentliche* Merkmale?
[109] *Hupka*, a.a.O., S. 546.
[110] *Hupka*, a.a.O., S. 563.
[111] *Hupka*, a.a.O., S. 562 — Die instinktive Sicherheit des Sprachgebrauchs widerlegt *Hupka* selbst, ohne den Glauben daran aufzugeben: „Bloße *Sparversicherungen*" (e. H.) sind für ihn „keine Versicherungsverträge im juristischen Sinne des Worts" (Siehe *Hupka*, a.a.O., S. 584).

Aufstellung eines unter bestimmten Aspekten willkürlichen Versicherungsbegriffs.

22.04.4 Die Kritik an anderen Definitionen

Ob sich diese Vermutung erhärten läßt, soll nun an der Kritik geprüft werden, die *Joseph Hupka* an anderen Begriffsbestimmungen übt. Er wendet sich insbesondere gegen die „Schadensersatztheorie"[112] und verurteilt zunächst die ihr zugrunde liegende *Methode*. Diese bestehe darin, die Merkmale des Versicherungsbegriffs allein aus den Güterversicherungen zu abstrahieren, und bedeute daher „die aprioristische Gleichstellung der Versicherung überhaupt mit der Schadensversicherung". Die Kritik wird auf „eine(-) wirklich historische(-), d. h. entwicklungsgeschichtliche(-) Betrachtungsweise" gestützt. Daraus soll sich nämlich ergeben, daß die Schadenversicherungen nur einen Zweig der Versicherung darstellen, neben dem sich im Laufe der Zeit ein anderer Zweig — allerdings mit wichtigen Besonderheiten, aber ohne „essentielle(n) Unterschied"[113] — entwickelt hat, eben die Personenversicherungen. Diese Betrachtungsweise wird leider nicht erläutert und begründet. Soweit sie für die Bestimmung „des *allgemeinen* (e. H.) Begriffs der Versicherung"[114] maßgebend sein soll, scheint sie auf der Annahme grundlegender Elemente zu beruhen, die in allen „sachlichen Anwendungsgebiete(n) der Assekuranz" vorkommen. Vielleicht werden sie als gemeinsamer und wesentlicher Kern gedacht, der sich in der Geschichte verschieden entfaltet und doch die Einheit des Sachverhalts ohne weiteres wahrt. Diese Deutung liegt nahe und steht in Einklang mit dem Ergebnis des vorherigen Abschnitts.

Ein weiterer Einwand gegen die Schadentheorie betrifft den *Umfang* des Versicherungsbegriffs. Dieser werde zu eng bestimmt, indem man den Zweck der Versicherung als Ausgleich eines wirtschaftlichen Nachteils festlege. In diesem Sinne werde (inzwischen) aber die (gesamte) Lebensversicherung als Entschädigungsvertrag aufgefaßt. Dem stehe entgegen, daß der Versicherer aus derartigen Verträgen ohne Rücksicht auf die wirtschaftlichen Folgen des Versicherungsfalls leisten müsse, also ohne die Bedingung eines Schadens verpflichtet sei. Die Schadentheorie schließe daher im Grunde jene Lebensversicherungen aus, in denen der Versicherungsfall keine nachteiligen Folgen herbeiführe. Dieses Ergebnis habe einen erheblichen Mangel; der Versicherungsbegriff sei nun nicht mehr geeignet, alle Lebensversicherungen von Spiel und Wette abzugrenzen[115].

---
[112] Vgl. *Hupka*, a.a.O., S. 546 ff., vor allem S. 549.
[113] *Hupka*, a.a.O., S. 569.
[114] *Hupka*, a.a.O., S. 577.
[115] Vgl. *Hupka*, a.a.O., S. 562 f.

Joseph Hupka richtet sein zweites Argument gegen die Schadentheorie auf die Erfassung und Behandlung bestimmter Sachverhalte durch den Gesetzgeber. Er fordert für diesen Zweck einen Begriff, der über den Umfang der Schadentheorie hinausgeht und offenbar dann richtig ist, wenn er für die Anwendung des Gesetzes brauchbar ist. Stimmt diese Forderung nun mit bisherigen Deutungen überein? Auf den ersten Blick scheint das nicht der Fall zu sein, wenn man das Gesetz als das Werk von Menschen ansieht, das sie nach ihrem Willen geschaffen haben. Letzten Endes hängt die Antwort aber davon ab, wie die frühere Alternative zur Auslegung der juristischen Gattung zu entscheiden ist[116]. Wie der Autor darüber denkt, ist nicht zu ermitteln. Trotzdem stellt sich heraus, daß die Antwort nicht im Widerspruch zu der bisherigen Interpretation steht. Das zeigt jedenfalls die Begründung eines der Begriffsmerkmale.

22.04.5 Die Begründung des Begriffs

Am ausführlichsten bemüht sich *Joseph Hupka* um die Rechtfertigung des Sicherungsmotivs, das als „caput et fundamentum" des Begriffs[117] eine überragende Rolle in seinen Überlegungen spielt. Der entscheidende Gedanke ist der: Die Entdeckung dieses *„wahre(n)* (i. O. g.) Kriteriums"[118] ergibt das einheitliche Wesen aller Versicherung *und* unterscheidet „*zugleich*" die Versicherungsverträge von reinen Wagnisgeschäften (Spiel und Wette)[119]. Der Autor hat diese Begründung für wichtig gehalten und daher zweimal angeführt[119].

Aus Inhalt und Form ist folgendes zu schließen: Im Vordergrund steht das Wesen der Versicherung, dessen Hintergrund an Hand der Anhaltspunkte nur vage zu deuten ist[120]. Daneben ist die Abgrenzung der juristischen Kategorien von Belang, die mit demselben Begriff gelingt. Beide Ziele, die nun als erreicht angesehen werden, sind trotz des Dunkels, in dem sie bleiben, untereinander verträglich, wenn sie vielleicht auch nicht identisch sind.

22.05 Der Versicherungsbegriff von Bernhard Krosta[121]

Bernhard Krosta hat einen neuen Umgang mit den zahlreichen Definitionen des Versicherungsbegriffs (oder mit den zahlreichen Versicherungsbegriffen?) eingeleitet: Er hat seine Vorgänger nicht nur negativ kritisiert, sondern ihre Produkte auch freundlich gepflegt. Er

---
[116] Vgl. Ziffer 22.04.3, S. 42 f. dieser Arbeit.
[117] *Hupka,* a.a.O., S. 577.
[118] *Hupka,* a.a.O., S. 568.
[119] Vgl. *Hupka,* a.a.O., S. 568 und 577.
[120] Siehe dazu die vorherigen Abschnitte dieser Arbeit.
[121] 1911.

hat ein System geschaffen, in dem sie alle Platz finden[122], und damit ihre Überlieferung rationalisiert. Das Beispiel hat Schule gemacht. Eine systematische Darstellung der Begriffsbestimmungen gehört seitdem zum Stil der versicherungswissenschaftlichen Literatur[123]. Man könnte an *Georg Christoph Lichtenberg* denken und an seine Vermutung, daß Kenntnisse manchmal angehäuft werden, „bloß um sie vorzuzeigen"[124]. Im folgenden geht es aber nicht um jenes System, das auf *Bernhard Krosta* zurückgeht, sondern um seine Auffassung vom Wesen der Versicherung, der er selbst das Etikett „objektive Gefahrentheorie" mitgegeben hat[125].

22.05.1 Die Merkmale des Begriffs[126]

Der Autor führt drei Hauptmerkmale an, von denen er sagt, daß sie den Versicherungsbegriff „schließen" und die objektive Gefahrentheorie „erfüllen", nämlich 1. Risiken, 2. ihre Vereinigung und 3. den Ausgleich ihrer Gefahrengrade. Was sie genau bedeuten, bleibt zum Teil in der Schwebe.

Schon was *Risiken* sind, ist problematisch. Sie werden kurz erläutert als „gefährdete Objekte". Ausführlicher sind sie Objekte, „bei denen die Möglichkeit besteht, daß etwas, was (nach allgemeiner Anschauung) als nicht wünschenswert (für sie) aufgefaßt wird, in absehbarer Zeit" eintritt. Offen sind dabei vor allem die Fragen, was allgemeine Anschauung ist und was absehbare Zeit[127].

Daß die Versicherung auf einer *Vereinigung* oder Assoziation beruhe, sieht *Bernhard Krosta* als einzige Gemeinsamkeit fast aller Autoren an. Dieses Kriterium versteht sich daher nahezu von selbst; er stellt lediglich klar, daß die Art der Vereinigung unerheblich sei. — Die Verbindung der beiden bisherigen Merkmale soll schon einen Vorteil der neuen Definition deutlich machen: Sie rettet den Begriff der Selbstversicherung, da es nun nicht mehr auf einen Zusammenschluß von Subjekten, also von mehreren Versicherten, sondern nur noch von Objekten ankomme.

---

[122] *Krosta*, Über den Begriff Vers., S. 9 ff.
[123] Siehe z. B.: *Manes*, Verswesen, 5. Aufl., 1. Bd., 1930, S. 9; *Wagenführ*, Wirtschaftskunde des Verswesens, 1938, S. 17 ff.; *Hax*, Wesen, Bedeutung und Gliederung der Vers., 1962—1964, Studienplan B I 1, S. 26 ff.; *Mahr*, Einführung in die Verswirtschaft, 2. Aufl., 1964, S. 69 ff.
[124] *Lichtenberg*, Späße und Probleme, S. 13.
[125] *Krosta*, Über den Begriff Vers., S. 95.
[126] Siehe *Krosta*, Über den Begriff Vers., S. 76 ff. und S. VI.
[127] Allein den Begriff absehbare Zeit hält *Krosta* für erklärungsbedürftig; sein Versuch schafft aber keine Klarheit (siehe *Krosta*, Über den Begriff Vers., S. 57 f.).

Die Risiken müssen zu einem besonderen Zweck vereinigt werden, und zwar zum *Ausgleich* ihres Gefahrengrades. Was sich der Autor dabei gedacht hat, sei vorsorglich ebenfalls wörtlich wiedergegeben: Es ist „die Verteilung der bei den einzelnen Risiken sehr verschiedenen Gefährdung auf die Vereinigung der Risiken unter Feststellung und Anwendung einer mittleren Gefahrenziffer". Diese Definition hilft allerdings nicht weiter, da der Begriff Gefährdung in diesem Zusammenhang mindestens ebenso unbestimmt ist wie der des Gefahrengrades. Liegt der vorausgesetzte Unterschied des Gefahrengrades vor, wenn z. B. leichte und schwere Risiken der sogenannten Feuerversicherung zusammengefaßt werden? Wer sich für diese Interpretation entscheidet, schließt Versicherung für solche Fälle aus, in denen Risiken mit völlig übereinstimmenden Gefahrenmerkmalen[128] vereinigt werden. Dem Text ist nicht mehr abzugewinnen. Es sind nur noch die Voraussetzungen zu erfahren, von denen ein erfolgreicher Ausgleich abhängen soll. Die eine ist die, daß die Risiken hinsichtlich der Gefahr gleich oder ähnlich sein müssen. Die andere besagt, daß so viele Risiken vereinigt werden müssen, daß sich das Gesetz der großen Zahl anwenden läßt[129].

Bernhard Krosta fügt den bisherigen Merkmalen ein viertes hinzu, das in mehrfacher Hinsicht dunkel ist; es ist dies, daß Versicherung gegen *Entgelt* erfolge. Zunächst möchte man gerne die Rolle wissen, die diesem Kennzeichen zukommt. Es wird (zu) streng von den bisherigen Hauptmerkmalen unterschieden und als Zugabe erläutert, die den Versicherungsbegriff „in wirtschaftlicher Hinsicht *noch schärfer*" (e. H.) abgrenzt. Auf diese Weise wird die Frage herausgefordert, ob das Merkmal notwendig oder entbehrlich ist; sie wird aber nicht gestellt. Daß es nur „normaliter" und „an sich" auf ein Entgelt ankomme, rückt schließlich auch die Bedeutung des Merkmals in unfaßbare Weiten.

Auf diesem Hintergrund formuliert der Autor seine Definition in zwei Fassungen. Die eine hat lakonische Kürze: „Versicherung ist die Vereinigung von Risiken zwecks Ausgleichs (gegen Entgelt)." Die andere ist an „Freunde größerer Ausführlichkeit" gerichtet: „Versicherung ist die Vereinigung von gleichartig gefährdeten Objekten zwecks Ausgleichs ihres Gefahrengrades".

22.05.2 Die Perspektive des Begriffs

Mit dieser Definition soll „der wirtschaftliche Begriff Versicherung" bestimmt werden. Dabei ist aber nicht zu übersehen, daß der Autor

---

[128] Damit diese Begründung nicht ebenfalls unbestimmt bleibt, definiere ich den Begriff Gefahrenmerkmal: Ein Gefahrenmerkmal ist ein Merkmal, das mit den durchschnittlichen Versleistungen je Risiko korreliert.

[129] Wieviele Risiken sind das eigentlich?

dieses Ziel nur „in der Hauptsache" verfolgt; insgesamt steht also mehr auf dem Programm[130].

Das größere Anliegen ergibt sich aus dem „engen Zusammenhang", den *Bernhard Krosta* zwischen wirtschaftlichem und juristischem Begriff behauptet[131]. Dieser Zusammenhang wird zwar weder analysiert noch präzisiert. Seine Konsequenz tritt aber zutage, wenn der Autor — auf der Grundlage betont wirtschaftswissenschaftlicher Überlegungen[132] und in unmittelbarem Anschluß an seine wirtschaftliche Begriffsbestimmung — unbekümmert den Versicherungsvertrag definiert: Es ist jener Vertrag, den zwei Parteien auf der Basis der vorher gekennzeichneten Versicherung abschließen[133].

Die wirtschaftswissenschaftliche Perspektive leistet demnach mehr, als ihr Name verspricht. Sie führt den Forscher zu einer Definition des Versicherungsbegriffs, die über die Grenzen seines Fachs hinaus von Belang ist. Der Jurist z. B., der sich auf den Versicherungsvertrag konzentriert, kann sie ohne weiteres übernehmen, wenn er ihr noch das fakultätseigene Merkmal des Vertrages anhängt.

22.05.3 Ziel und Geltungsgrundlage der Begriffsbestimmung

Was es mit der Begriffsbestimmung auf sich hat, wird deutlich, wenn man das Ziel untersucht, das ihr Urheber verfolgt.

Seine ausdrückliche Erklärung läßt Tiefgründiges erwarten: Es geht ihm nicht so sehr um den „Wortlaut der Definition", sondern um die bisher fehlende „gemeinsame Basis", um „einen Weg", der „endlich einmal eine Einigung" ermöglicht[134]. So steht es im Vorwort. Klarer aber als es diese Worte ausdrücken, geht die wirkliche Absicht aus der Analyse selbst hervor. Als besonders wichtig erweist sich dabei, wie *Bernhard Krosta* die Schadentheorie und die Bedarfstheorie kritisiert.

Die *Schadentheorie* scheitert für ihn an der sogenannten Lebensversicherung[135]. Ihre ökonomischen Vertreter haben leichtfertig erklärt, daß auch diese Verträge pauschal unter ihre Definitionen fallen. *Bernhard Krosta* hält ihnen aber entgegen, daß die Möglichkeit eines wirtschaftlichen Nachteils nicht bei jeder Lebensversicherung vorliege, und schließt daraus, daß die Schadentheorie zu eng sei.

Der Gang dieser Überlegungen läßt sich so interpretieren: Daß die sogenannte Lebensversicherung ein Element der Klasse Versicherung

---
[130] *Krosta*, Über den Begriff Vers., S. 9.
[131] *Krosta*, Über den Begriff Vers., S. 9.
[132] Siehe *Krosta*, Über den Begriff Vers., S. 6, 7, 37, 78.
[133] Siehe *Krosta*, Über den Begriff Vers., S. 78.
[134] *Krosta*, Über den Begriff Vers., S. V f.
[135] Vgl. *Krosta*, Über den Begriff Vers., S. 38 ff., insbes. S. 40, 51, 55 f.

ist, steht offensichtlich fest. Die Schwierigkeit besteht allein darin, daß die Schadentheoretiker von der Versicherung — und damit auch von der Lebensversicherung — ein Merkmal behaupten, das nicht zutrifft. Es genügt also, daß sie die Sprache (nämlich die Definitionen) ihren Erkenntnissen (nämlich dem Versicherungscharakter der Lebensversicherung) anpassen. Genügt das wirklich? *Bernhard Krosta* kann sich zwar auf eine grundlegende Übereinstimmung mit jenen berufen, die die Lebensversicherung für Versicherung halten. Er erwähnt aber auch juristische Vertreter der Schadentheorie, die ein anderes Verhältnis zu ihren Begriffsbestimmungen haben und die Lebensversicherungen danach beurteilen, ob sie im gegebenen Falle alle Voraussetzungen der Definition erfüllen[136]. Dieser Sachverhalt hat ihn aber nicht weiter bewegt.

Die Kritik an der *Bedarfstheorie* verläuft ähnlich[137]. Ihr Nachteil zeigt sich z. B. darin, daß sie auch Beamtenvorschußvereine umfaßt. Diese Vereine sind aber keine Versicherungen — das ist offenkundig —, die Definition ist also zu weit. Nun hat *Alfred Manes* zuletzt die Meinung vertreten, daß die strittigen Vereine dann eben Versicherungen sind, wenn sie unter seine Definition fallen. Über diese Konsequenz aber empört sich *Bernhard Krosta*. Ihm genügt dafür, daß der Versicherungscharakter dieser Einrichtungen von *Alfred Manes* „nicht begründet und wissenschaftlich nicht haltbar" sei.

Nun läßt sich das Fazit ziehen: 1. Die Eigenschaft, Versicherung zu sein, hängt nicht in erster Linie von einer Begriffsbestimmung ab. Sie ist vielmehr bestimmten Gegenständen ohne weiteres eigentümlich. Das Ziel des Autors ist es, eine Definition zu finden, die alle und nur jene Gegenstände einschließt. 2. Die Grundlage einer solchen Definition ist die Kenntnis aller Gegenstände, die unter den Versicherungsbegriff fallen. Von einer solchen Kenntnis geht *Bernhard Krosta* in seiner Kritik und in seinem Lösungsversuch aus. Es ist *nicht* sein Ziel, den Weg zu zeigen, auf dem man eine solche Kenntnis unmittelbar erlangen kann. Der Fachmann hat sie; der Laie mag sich auf die Versicherung verlassen, daß seine Definition zutrifft[138]. Beide aber, die Versicherung und die Definition, sind in derselben Weise unbegründet.

22.06 Der Versicherungsbegriff von Walter Rohrbeck[139]

Die Frage nach dem Versicherungsbegriff hat *Walter Rohrbeck* in ihren Bann gezogen: Seine Beiträge zu diesem Problem umfassen die

---
[136] Vgl. *Krosta*, Über den Begriff Vers., S. 43 ff.
[137] Vgl. *Krosta*, Über den Begriff Vers., S. 66 ff., insbes. S. 69.
[138] Diese Garantie lautet bei *Krosta*: „Die von mir gegebene Definition schließt alle vorhandenen Versicherungen, sowie alle Versicherungsmöglichkeiten ein" (Über den Begriff Vers., S. 78).
[139] 1913—1955.

lange Spanne von vierzig Jahren und liegen quantitativ in der Nähe der „großen Zahl"; ihre anspruchsvollen Titel[140] deuten zum Teil auf grundlegende Erörterungen hin. Trotzdem findet man nicht leicht Zugang zu den Gedanken dieses Autors, die im folgenden so weit wie möglich aufgedeckt werden sollen.

22.06.1 Die Merkmale des Begriffs

Wenn man über den Versicherungsbegriff von *Walter Rohrbeck* informieren will, stellt sich zunächst die Frage, von welcher der Definitionen auszugehen ist. Im allgemeinen wird man jene bevorzugen, die in einer chronologischen Ordnung am Ende steht. Das dürfte auch dem Willen des Autors entsprechen, ist aber hier nicht angebracht: Im Laufe der Zeit hat er nämlich verschiedene Grundpositionen bezogen, von denen her die jeweilige Deutung des Begriffs anders charakterisiert und bestimmt wird. Um diesen Zusammenhang zu erhalten und die einzelnen Positionen darlegen zu können, ist es zweckmäßig, sämtliche Definitionen aufzuführen.

In einer ersten Phase (ab 1913) beschreibt der Autor die Versicherung folgendermaßen: Sie ist „diejenige wirtschaftliche Einrichtung, die infolge ihrer besonderen technischen Grundlagen der Einzelwirtschaft innerhalb des Rahmens dieser Technik es ermöglicht, besonders zweckmäßig und vorteilhaft Kapital zu erwerben und zu erhalten, sich Renten zu sichern oder sich gegen wirtschaftliche Einwirkungen zu schützen, die ohne diesen Schutz ihr Vermögen zu verringern oder wenigstens ihr Einkommen zu schmälern geeignet wären"[141].

Im zweiten Abschnitt (ab 1936) lehnt sich *Walter Rohrbeck* an die sogenannte Bedarfstheorie von *Alfred Manes* an. Auf dieser Basis erhält seine Definition nun meistens folgenden Wortlaut: Versicherung ist „die im Interesse der Volksgemeinschaft liegende, gegenseitige, nach technischen Grundlagen durchführbare Deckung zufälligen, in Geldwert auszudrückenden Bedarfs zahlreicher, gleichartig bedrohter, aber nicht gleichzeitig betroffener Wirtschaften"[142].

---

[140] Einiges zur Theorie der Vers., 1913; Der Versbegriff und die Verswissenschaft, 1932; Der Begriff der Vers. in seiner wissenschaftlichen und wirtschaftlichen Bedeutung, 1938; Der Begriff der Vers. als Erkenntnis- und Erfassungsmerkmal, 1949; Die Vers. als Grundlage einer besonderen Wissenschaft, 1950.

[141] *Rohrbeck*, Einiges zur Theorie der Vers., 1913, S. 231.

[142] *Rohrbeck*, Die Versunternehmung, ihr wirtschaftlicher Sinn und ihr organisatorischer Aufbau, 1936, S. 5; Der Begriff der Vers. in seiner wissenschaftlichen und wirtschaftlichen Bedeutung, 1938, S. 14 und 27; Deutsche Verskunde, Teil I, 1939, S. 3; Wirtschaftswissenschaftliche Forschungsaufgaben des Verswesens, 1939, S. 10; Die Vers. als wirtschaftspolitisches Problem, 1941, S. 80; Verswissenschaft und Verswirtschaft, 1941, S. 36; Der Be-

Zuletzt (ab 1950) gibt der Autor die weitgehende Übereinstimmung mit *Alfred Manes* wieder auf. Was Versicherung ist, erklärt er von da an — mit gelegentlichen Abweichungen — so: Sie ist „eine planmäßige Sicherheitsvorsorge..., die darauf gerichtet ist, plötzlich eintretende Verluste einzelner Wirtschafter an Vermögensschäden aus zeitlich unerwarteten Gefahren geldmäßig zu ersetzen. Sie erreicht ihr Ziel durch Verteilung auf viele Schultern und verwendet dazu eine rechnerische Grundlage, die auf einem von vornherein vertraglich oder gesetzlich genau geregelten Geldausgleich aufgebaut ist"[143].

Walter Rohrbeck ist wohl davon ausgegangen, daß sich die meisten seiner Merkmale von selbst verstehen[144]. Er hat jedenfalls nur drei von ihnen erläutert, und zwar 1. das Interesse der Volksgemeinschaft[145], 2. die technischen Grundlagen und 3. die Gefahrengemeinschaft. Von diesen haben die beiden letzten besonderes Gewicht. Sie sind dem Autor die „Kardinalpunkte" der Begriffsbestimmung[146] und stellen sozusagen die Kontinuität seiner Definitionen her[147]. Was sie bedeuten sollen, sei daher festgehalten.

Technische bzw. rechnerische *Grundlagen*[148] sollen die Gewähr dafür schaffen, daß die Aufwendungen und Erträge der Gemeinschaft auf

---

griff der Vers. als Erkenntnis- und Erfassungsmerkmal, 1949, S. 16. — Vgl. auch Ziffer 22.03, S. 33 ff. dieser Arbeit.

[143] *Rohrbeck*, Ziele und Grenzen der deutschen Verswirtschaft, 1950, S. 229; Der Begriff der Sozialvers. und ihre Abgrenzung zur Versorgung und Fürsorge, 1950, S. 18; Selbsthilfe und Staatshilfe in der Sozialvers., o. J., S. 1; Eignung und Aufgabe der Vers. zur Befriedigung sozialer Bedürfnisse, 1951, S. 34.

[144] Nur eine Veröffentlichung enthält Hinweise, die allerdings sehr kurz gefaßt sind (*Rohrbeck*, Deutsche Verskunde, Teil I, S. 3). Ansonsten hat *Rohrbeck* die einzelnen Merkmale nur einmal in einem nicht veröffentlichten Vortrag systematisch ausgelegt (*Rohrbeck*, Der Begriff der Vers. in seiner wissenschaftlichen und wirtschaftlichen Bedeutung, S. 16 ff.).

[145] *Rohrbeck*, Der Begriff der Vers. in seiner wissenschaftlichen und wirtschaftlichen Bedeutung, S. 23 ff.; Die Universalität des Versgedankens und die Grenzen des Versschutzes, S. 97 f.; Deutsche Verskunde, Teil I, S. 3; Verswesen und Soziologie, S. 54; Wirtschaftswissenschaftliche Forschungsaufgaben des Verswesens, S. 8 f.; Die Gemeinschaftsidee in der Vers., S. 515.

[146] *Rohrbeck*, Ziele und Grenzen der deutschen Verswirtschaft, S. 229.

[147] Das Merkmal Gemeinschaft wird zwar in der Definition der ersten Phase nicht erwähnt, wohl aber in den Anmerkungen betont („wirtschaftliche Vereinigung", „gemeinsame(-) Vermögensverwaltung" — *Rohrbeck*, Einiges zur Theorie der Vers., S. 231).

[148] *Rohrbeck*, Einiges zur Theorie der Vers., S. 231; Der Begriff der Vers. in seiner wissenschaftlichen und wirtschaftlichen Bedeutung, S. 21 ff.; Deutsche Verskunde, Teil I, S. 3; Wirtschaftswissenschaftliche Forschungsaufgaben des Verswesens, S. 11; Die Vers. als wirtschaftspolitisches Problem, S. 84 f.; Verswissenschaft und Verswirtschaft, 1941, S. 36; Die Sozialvers. als Teil der gesamten Verswirtschaft, S. 18; Ziele und Grenzen der deutschen Verswirtschaft, S. 229 ff.; Der Begriff der Sozialvers. und ihre Abgrenzung

lange Sicht ausgeglichen werden. Die Aufwendungen müssen dabei aus Verpflichtungen resultieren, die im voraus durch Gesetz oder Vertrag „genau normiert(-)" werden. Nach ihrem Erwartungswert sind die Erträge vorsichtig zu bestimmen, damit dieses Verfahren Sicherheit zustande bringt. Versicherung setzt also Kalkulation voraus. Wie dabei im einzelnen vorzugehen ist, bleibt freigestellt, wenn nur die Auflage eines dauerhaften Ausgleichs erfüllt wird. Es ist daher unerheblich, nach welchem Maßstab die einzelnen Mitglieder an den gesamten Aufwendungen beteiligt werden. Ebenfalls unwichtig ist es, ob die Gemeinschaft Leistungen von außen erhält; vorauszusetzen ist nur, daß solche Zuschüsse vorher im Detail feststehen. In diesem Sinne ist die technische Basis „eine Kalkulationsgrundlage schlechthin, welcher Art sie auch sei". Sie soll es immerhin ermöglichen, die Versicherung von der Staatsbürgerversorgung und dem Unterstützungswesen zu unterscheiden.

Die Versicherung beruht auf einer *Gefahrengemeinschaft*[149], d. h. auf einer Gesamtheit von Personen, die gleichartige Wagnisse der einzelnen im Wege der Selbsthilfe gemeinsam trägt. Es handelt sich dabei nicht um eine „lose Veranstaltung(-)", einen „blutleere(n) mathematische(n) oder statistische(n) Komplex(-)" oder um ein reines Zweckgebilde, sondern um eine „wirkliche Gemeinschaft(-)". Ihre Teilnehmer verbinden sich im Bewußtsein gegenseitiger Hilfe und gegenseitiger Verpflichtung. Die äußere Form, in der sich diese Solidarität vollzieht, spielt für den Autor keine Rolle; es kann ein sogenannter Sozialversicherungsträger sein, ein Versicherungsverein auf Gegenseitigkeit, eine öffentlich-rechtliche Unternehmung, aber auch eine Aktiengesellschaft. Die juristischen Verwalter dieser Einrichtungen sind Fachleute und Treuhänder, die im Dienste der Gemeinschaft eingesetzt sind. Soweit dabei außenstehende Unternehmer auftreten, erhöhen sie durch ihr Eigen- oder Haftungskapital die Sicherheit der Gemeinschaft.

---

zur Versorgung und Fürsorge, S. 18 f.; Eignung und Aufgabe der Vers. zur Befriedigung sozialer Bedürfnisse, S. 34 f., 38 f., 49; Sozial und Singularvers. grundsätzlich gesehen, S. 307 f.
[149] *Rohrbeck,* Die Vergesellschaftung im Verswesen in ihrer wirtschaftlichen Bedeutung und ihrer sozialpsychologischen Wirkung, S. 25; Die Universalität des Versgedankens und die Grenzen des Versschutzes, S. 101 f.; Der Begriff der Vers. in seiner wissenschaftlichen und wirtschaftlichen Bedeutung, S. 18 ff. und 31 f.; Die Gemeinschaftsidee in der Vers., S. 516 f.; Verswesen und Soziologie, S. 52, 55 f. und 58; Deutsche Verskunde, Teil I, S. 3; Bemerkungen zu „Wirtschaftswissenschaftliche Forschungsaufgaben des Verswesens", S. 428; Die Vers. als wirtschaftspolitisches Problem, S. 82 und 85 f.; Die Problematik der „gerechten" Prämie in der Verswirtschaft und die mathematische Wissenschaft, S. 451; Ziele und Grenzen der deutschen Verswirtschaft, S. 229 f.; Persönlichkeitswert des Menschen in der Vers., S. 5 und 7 f.; Der Begriff der Sozialvers. und ihre Abgrenzung zur Versorgung und Fürsorge, S. 23; Zur Soziologie des Verswesens, S. 136 f.; Weltweite Vers., S. 17; Individualvers., S. 209.

22.06.2 Die Perspektive des Begriffs

Walter Rohrbeck hat in der ersten Etappe seiner Forschung[150] bestritten, daß es eine besondere Versicherungswissenschaft gibt. Wer sich mit den Problemen der Versicherung beschäftigen will, ist auf die selbständigen Geisteswissenschaften angewiesen, z. B. auf die Volkswirtschaftslehre oder auf die Rechtswissenschaft. Diese liefern für ihren jeweiligen Bereich die (verschiedenen) Perspektiven für die Fragen und die Methoden für die Lösungen. Das gilt auch für den Versicherungsbegriff, der dementsprechend in den einzelnen Fächern unterschiedlich bestimmt werden kann. Die Definition der ersten Phase betrifft daher ausdrücklich und nur die „Versicherung im volkswirtschaftlichen Sinne".

Im zweiten Abschnitt[151] erhält die Begriffsforschung eine andere Richtung: Die bisher legale Verschiedenheit der Begriffsbestimmungen muß überwunden werden; anzustreben ist nun „*eine* (e. H.) wirklich tragfähige und *allen* (e. H.) gleichmäßig standhaltende Fassung". Welche Rolle dabei die einzelnen Perspektiven spielen, hängt mit der neuen Auffassung von der Versicherungswissenschaft zusammen: Sie besteht selbständig und ist eine Hilfswissenschaft der Wirtschaftswissenschaft, von der sie maßgebend bestimmt wird. Daneben aber hat sie auch mathematische, statistische, rechtswissenschaftliche, soziologische u. a. Aspekte miteinander zu verbinden. Die wirtschaftswissenschaftliche Betrachtung aber hat den Vorrang, da die Versicherung eine wirtschaftliche Einrichtung ist. Wie diese Begründung zu beurteilen ist, kann zunächst noch dahingestellt bleiben. Es genügt vorerst zu wissen, daß *der* Versicherungsbegriff der zweiten Stufe auf einer Vielfalt wissenschaftlicher Perspektiven und dem Primat der wirtschaftswissenschaftlichen beruht.

Die letzte Periode[152] *Walter Rohrbecks* ist gekennzeichnet durch eine neue, gleichbleibende Definition und durch schwankende Ansichten über die Grundlagen der Versicherungswissenschaft und der Begriffsbildung. Der Autor hält zwar weiterhin die längste Zeit an der vor-

---

[150] *Rohrbeck*, Verswesen und Soziologie, 1910, S. 149; Vers-Technik oder Vers-Wissenschaft, 1912, S. 222 f. und 227; Einiges zur Theorie der Vers., 1913, S. 231; Der Versbegriff und die Verswissenschaft, 1932, S. 4; Was ist Vers., 1933, S. 465.

[151] *Rohrbeck*, Der Begriff der Vers. in seiner wissenschaftlichen und wirtschaftlichen Bedeutung, 1938, S. 8 f., 13 und 15; Verswesen und Soziologie, 1939, S. 47 und 59; Verswissenschaft und Verswirtschaft, 1941, S. 40 ff. und 47; Die Geschichte des Verswesens (um 1943), S. 32 ff.

[152] *Rohrbeck*, Die Vers. als Grundlage einer besonderen Wissenschaft, 1950, S. II f.; Die heutige Stellung der Verswissenschaft an den deutschen Hochschulen, 1950, S. 4 f.; Verswissenschaft und Wirtschaft, 1953, S. 66; Sozial- und Singularvers. grundsätzlich gesehen, 1954, S. 307. *Rohrbeck-Lobscheid*, Entwicklung und Stand der Verswissenschaft in Deutschland, 1956, S. 197 f.

herigen Charakterisierung seiner Disziplin als Hilfswissenschaft der Wirtschaftswissenschaft fest. Vorübergehend verneint er diese Abhängigkeit und betont ihre uneingeschränkte Selbständigkeit. Von größerer Bedeutung für den Versicherungsbegriff ist aber, daß er jeder Fachrichtung ebenso vorübergehend die alte Freiheit zugesteht: Sie können bei der Definition eigene Wege gehen und in den Ergebnissen voneinander abweichen. Und trotzdem soll ihnen deswegen weder Einseitigkeit noch Unvollständigkeit entgegenzuhalten sein.

22.06.3 Ziel und Geltungsgrundlage der Begriffsbestimmung

Wenn man dem letzten Ziel nachgeht, das *Walter Rohrbeck* mit seinen Arbeiten zum Versicherungsbegriff verfolgt hat, trifft man fast zu allen Zeiten auf Formulierungen, die man in folgender Weise wiedergeben darf: Ihm ist an einem „allgemeine(n), objektive(n) Begriff(-)" gelegen; es geht ihm um „den spezifischen Charakter der Versicherung" und um „den inneren Kern der Eigentümlichkeiten der Versicherungsidee"; er möchte sich „mit der Materie der Versicherung an sich befassen" und „die (abstrakte) Natur" und „das (einheitliche) Wesen der Versicherung ... erkennen"[153].

Die Vielfalt dieser Begriffe hebt die Vagheit des Ziels nicht auf. Es läßt sich trotzdem ein wenig näher charakterisieren: 1. Alle Bezeichnungen deuten auf etwas hin, das unabhängig von seiner Erforschung vorhanden ist und offengelegt werden soll. 2. Im Versicherungsbegriff wird „die theoretische Grundlage" für die wissenschaftliche Behandlung der Versicherung gesucht. Die Sätze dieser Disziplin sollen sich daraus als „notwendige(-) Folgen" ableiten lassen, so z. B. Aussagen über die „Grenzen und Bedingtheiten" der Versicherung[154].

Welche Garantie bietet nun *Walter Rohrbeck* dafür, daß er sein Ziel erreicht und nicht verfehlt hat? Wie begründet er die Richtigkeit seiner Definition? Gibt es vielleicht irgendwelche Verfahrensregeln, die

---

[153] *Rohrbeck*, Vers-Technik oder Vers-Wissenschaft, 1912, S. 227; Einiges zur Theorie der Vers., 1913, S. 231; Einheit aller Vers., 1932, S. 269; Die Universalität des Versgedankens und die Grenzen des Versschutzes, 1933, S. 83; Der Begriff der Vers. in seiner wissenschaftlichen und wirtschaftlichen Bedeutung, 1938, S. 1, 7 und 13; Wirtschaftswissenschaftliche Forschungsaufgaben des Verswesens, 1939, S. 14; Verswesen und Soziologie, 1939, S. 49; Verswissenschaft und Verswirtschaft, 1941, S. 39; Die Vers. als wirtschaftspolitisches Problem, 1941, S. 81; Ziele und Grenzen der deutschen Verswirtschaft, 1950, S. 228 und 229; Weltweite Vers., 1953, S. 12 und 14.

[154] *Rohrbeck*, Kritik der sogen. Thünen-Ehrenbergschen Forschungsmethode, S. 104 f.; Der Versbegriff und die Verswissenschaft, S. 4; Wirtschaftswissenschaftliche Forschungsaufgaben des Verswesens, S. 8 und 14; Die Vers. als wirtschaftspolitisches Problem, S. 80 und 88; Der Begriff der Vers. als Erkenntnis- und Erfassungsmerkmal, S. 17; Ziele und Grenzen der deutschen Verswirtschaft, S. 228.

seine Wesenserkenntnis stützen? — Der Autor gibt solche Regeln nicht an. Er verzichtet auch hier auf „das schwere Geschütz" der Philosophie[155]. Es liegen dennoch Äußerungen vor, die später wenigstens einen gewissen Einblick in die Arbeitsweise des Autors ermöglichen. Das ist einmal das Argument, „eine genaue Durchprüfung aller Versicherungszweige und Versicherungsarten (ergebe) die alleinige Anwendbarkeit" jener Begriffsbestimmungen, die sich an das Vorbild von *Ulysses Gobbi* anlehnen — also auch der Definition des zweiten Abschnitts[156]. Die Bedeutung dieses Satzes ist zwar nicht ohne weiteres klar; folgende Interpretation erscheint aber angemessen: Die — noch ungeprüfte — Definition und die — von einer Definition unabhängigen — Versicherungszweige und Versicherungsarten sind einander gegenübergestellt und verglichen worden; dabei hat sich ihre Verträglichkeit erwiesen. Dem Autor hat diese Beweisführung offenbar genügt. Das hier interessierende Problem wird dadurch aber nicht gelöst, sondern nur überspielt: Wer oder was verbürgt nämlich den Versicherungscharakter eines Gegenstandes, solange der Versicherungsbegriff nicht feststeht? Zwei weitere Äußerungen passen zu dem späteren Urteil über die methodische Grundlage von *Walter Rohrbeck:* 1. Er führt seine Definition einmal mit dem Hinweis ein, daß sie „von den meisten Forschern anerkannt(-)" sei[157]. Das ist noch bemerkenswerter, weil diese Behauptung nicht zutrifft. 2. Ein anderes Mal erklärt er, daß die zunehmende Beschäftigung mit dem Problem seine Überzeugung von der Richtigkeit der Definition gestärkt habe[158].

22.07 Der Versicherungsbegriff von Walter Schmidt-Rimpler[159]

Wie die meisten Autoren, die den Begriff Versicherung erörtern, hat *Walter Schmidt-Rimpler* die vorherrschenden Ansichten seiner Fachgenossen kritisiert und eine neue Version vom Wesen der Versicherung verkündet. Aus der Tradition dieser Diskussion ist er aber dadurch herausgetreten, daß er die Bedeutung des jeweiligen wissenschaftlichen Verfahrens für die Begriffsbestimmung erkannt und am Beispiel vorgeführt hat. Von daher hätten die Bemühungen um das Wesen der Versicherung eine entscheidende Wende erhalten können, die (bisher) nicht eingetreten ist. Es ist daher angebracht, die Aussagen dieses Forschers mit Sorgfalt zu studieren.

---

[155] *Rohrbeck,* Die Vers. als Grundlage einer besonderen Wissenschaft, S. I.
[156] *Rohrbeck,* Der Begriff der Vers. in seiner wissenschaftlichen und wirtschaftlichen Bedeutung, S. 27.
[157] *Rohrbeck,* Die Vers. als wirtschaftspolitisches Problem, S. 80.
[158] *Rohrbeck,* Der Begriff der Vers. als Erkenntnis- und Erfassungsmerkmal, S. 16.
[159] 1931—1964.

22.07.1 Die Merkmale des Begriffs

Walter Schmidt-Rimpler definiert den Begriff Versicherung mit Hilfe von vier Merkmalen[160]. Eines davon betrifft ein offensichtlich grundlegendes Problem der meisten Kontroversen. Dieses Merkmal soll den besonderen Inhalt der Leistung des Versicherers bestimmen. Die Besonderheit wird — wie häufig — in der Funktion der Versicherung für den Nachfrager gesehen, aber in origineller Weise interpretiert: Alle Versicherung dient der *Sicherung eines Vermögensgestaltungszieles*.

Der Autor geht davon aus, daß sich die Inhaber von Vermögen in ihrer Lage nicht passiv verhalten, sondern bestimmte Ziele damit verbinden. Diese mögen zwar im einzelnen sehr verschieden sein; sie fügen sich aber immer in ein allgemeines Ziel ein, das Vermögen in dieser oder jener Weise zu gestalten. Als Typen solcher Vermögensgestaltungsziele kommen in Betracht[161]: 1. die Erhaltung der Vermögensobjekte; 2. die Schuldenabwehr; 3. die Erwerbssicherung; 4. die Vermögensansammlung (nämlich das Sparen eines Kapitals in bestimmter Höhe); 5. die Rentenversicherung (d. h. die Rücklage eines Kapitals in einer solchen Höhe, daß es für bestimmte regelmäßige Entnahmen genau ausreicht).

Ob ein Vermögensgestaltungsziel in der beabsichtigten Weise erreicht wird, steht vorab nicht mit Sicherheit fest. Es drohen vielmehr Ereignisse, die für die handelnde Person im voraus ungewiß sind und den Plan durchkreuzen können. Diese Ereignisse beeinträchtigen das Vermögen entweder unmittelbar (z. B. Brand) oder mittelbar über die gestaltende Person (z. B. Unfall).

Um trotzdem Gewißheit für den Erfolg des Planes zu erhalten, kann man sich (in ihrem Rahmen) der Versicherung bedienen. Sie hat den Sinn, das Erreichen konkreter Ziele trotz ungewisser Ereignisse „vermögensmäßig" sicherzustellen. Das wird dadurch erreicht, daß die Versicherungsleistung im Falle eines störenden Ereignisses entweder direkt (z. B. durch Vergütung des Verdienstausfalles) oder indirekt

---

[160] Zur Wiedergabe der Begriffsmerkmale und ihrer Erläuterung siehe: *Schmidt-Rimpler,* Über einige Grundbegriffe des Privatversrechts, S. 1228 ff.; *Schmidt-Rimpler,* Verswirtschaft und Versrecht, S. 70 ff.; *Schmidt-Rimpler,* Zum Begriff der Vers., S. 493 ff.; *Schmidt-Rimpler,* Zum Verscharakter der Vers. mit festem Auszahlungstermin, S. 793.

[161] Vgl. vor allem *Schmidt-Rimpler,* Zum Begriff der Vers., S. 494 ff. — Ich führe die Typen der Vermögensgestaltungsziele in der Terminologie des Verfassers an, obwohl sie nicht befriedigt. Die Bezeichnungen verwirren. Es geht nämlich um Vermögensgestaltungsziele, die *unabhängig* von der Vers. erreichbar sind. Im Falle der „*Erwerbssicherung*" (e. H.) und der „*Rentenversicherung*" (e. H.) wird aber gegen die erklärte Absicht der Eindruck erweckt, das Vermögensgestaltungsziel beruhe (primär) auf der Vers., während sie es nur (sekundär) schützt.

(z. B. durch eine Geldzahlung für vernichtete Sachen) ein Ergebnis ermöglicht, das dem erwarteten in wirtschaftlicher Hinsicht entspricht.

Neben diesem strittigen Merkmal rechnet der Verfasser zwei weitere zum gesicherten Bestand des juristischen Versicherungsbegriffs, und zwar die *Entgeltlichkeit* und die *Selbständigkeit des Vertrages*.

Mit einem weiteren, letzten Merkmal sollen Bürgschaften, Garantie- und Leibrentenverträge ausgeschlossen werden, soweit sie im Gesetz eine spezielle Regelung erfahren haben. Der Autor lehnt dazu die auch von Juristen geforderte Planmäßigkeit des Versicherungsbetriebes o. ä. ab und führt ein negatives Kennzeichen ein, nämlich die *subsidiäre Geltung* eines Rechtsverhältnisses als Versicherung: Versicherung ist nur, was durch das Recht nicht zu einem anderen Vertragstyp bestimmt worden ist.

Für eine zusammenfassende, allerdings nicht ganz vollständige Begriffsbestimmung schlägt *Walter Schmidt-Rimpler* folgende Formulierung vor: „Die Versicherung muß ihrem Sinne nach darauf gerichtet sein, daß der Versicherte ein Ziel der Vermögensgestaltung und nur dieses durch die Versicherungsleistung mit Sicherheit erreicht, das er auch auf andere Weise, aber deshalb nicht mit Sicherheit (i. O. k.) erreichen kann, weil es durch ein ungewisses, das Vermögen oder die Person betreffendes Ereignis möglicherweise vereitelt wird, und zwar soll er das Ziel dadurch erreichen, daß der Versicherer eine Leistung erbringt, die trotz des Eintritts des Ereignisses das Ziel vermögensmäßig verwirklicht. Durch das Rechtsverhältnis darf nicht der gesetzlich oder verkehrsmäßig geschaffene Typus eines anderen, in bestimmter Weise geregelten Vertrages erfüllt sein[162]."

22.07.2 Ziel und Methode der Begriffsbildung

Walter Schmidt-Rimpler geht von der Notwendigkeit aus, in wissenschaftlichen Arbeiten „methodisch Stellung (zu) nehmen"[163]. Demgemäß hat er die von ihm angewandte „Methode der Rechtswissenschaft" in früheren Beiträgen weitgehend erläutert[164]. Heute steht er zwar nicht mehr zu allen Einzelheiten von damals; er befürchtet sogar, daß das „methodologische Grundproblem" noch nicht restlos gelöst ist[165]. Einige wichtige Aspekte der Begriffsbestimmung scheinen aber nach wie vor

---

[162] *Schmidt-Rimpler*, Zum Begriff der Vers., S. 496, 500 und 505. — Vgl. dazu die frühere Definition, die von der jetzigen verschieden ist (*Schmidt-Rimpler*, Über einige Grundbegriffe des Privatversrechts, S. 1247 f.).

[163] *Schmidt-Rimpler*, Über einige Grundbegriffe des Privatrechts, Fußnote 19, S. 1215.

[164] *Schmidt-Rimpler*, Über einige Grundbegriffe des Privatversrechts, 1931; *Schmidt-Rimpler*, Zur Gesetzgebungstechnik, 1938.

[165] *Schmidt-Rimpler*, Zum Begriff der Vers., 1963, S. 493 und Fußnote 62, S. 500.

Grundlage seiner Methode zu sein. Und gerade um die Begriffsbestimmung geht es hier. Ich habe daher keine Bedenken, mich insoweit an den früheren Darlegungen zu orientieren, obwohl sie inzwischen teilweise in Frage stehen.

Das Ziel der Überlegungen ist ein „Rechtsbegriff der Versicherung". Es geht also nicht um einen irgendwie allgemeinen Versicherungsbegriff und auch nicht um den speziellen einer anderen Disziplin. Der Autor strebt nicht einmal den allgemeinen Begriff der Rechtswissenschaft an, sondern den einer bestimmten positiven Rechtsordnung. Er sucht den Begriff des Versicherungsvertragsgesetzes, der von dem eines anderen Gesetzes verschieden sein kann[166].

Der gesuchte Begriff ist im Versicherungsvertragsgesetz nicht definiert; er muß aus dem Gesetz „entwickelt werden"[167]. Wie dabei vorzugehen ist, wird deutlich, wenn man sich einige Grundsätze der Gesetzgebungstechnik vergegenwärtigt[168]: 1. Der Gesetzgeber soll sich zunächst um eine ausreichende Kenntnis der Sachverhalte des menschlichen Lebens bemühen, die er beeinflussen will. 2. Er soll den „Richtigkeitsgedanken" oder das „Wertungsprinzip" ermitteln und festlegen, nach dem er die Sachverhalte seines Interesses gestalten will. 3. Er soll die Sachverhalte nach seinem Maßstab bestimmen, indem er Voraussetzungen darlegt und Rechtsfolgen anordnet.

Das Problem der Begriffe tritt im letzten Akt entscheidend hervor. Es erweist sich nämlich als ausgeschlossen, Sachverhalte in der Fülle ihrer Erscheinungen zu beschreiben. Sie sind im einzelnen zu komplex und in größerer Zahl zu verschieden. Der Ausweg besteht darin, zwischen wesentlichen und unerheblichen Merkmalen der Sachverhalte zu unterscheiden und nur die wesentlichen im oder als Begriff festzuhalten. Wesentlich sind dabei jene Merkmale, an die die Wertung anknüpft, von denen die Wertung abhängt. Welche Merkmale das im konkreten Falle sind, richtet sich nach den jeweiligen Richtigkeitsgedanken, die in Frage kommen[169].

Die Urheber des Versicherungsvertragsgesetzes haben sich im übrigen nicht an das Arbeitsschema von *Walter Schmidt-Rimpler* gehalten. Wie er den Versicherungsbegriff aus den vorhandenen Anhaltspunkten dennoch und im Sinne seiner Methode ermittelt hat, ist interessant,

---

[166] Zu diesem Abschnitt siehe *Schmidt-Rimpler*, Über einige Grundbegriffe des Privatversrechts, S. 1211 f.

[167] *Schmidt-Rimpler*, Über einige Grundbegriffe des Privatversrechts, S. 1212 und 1217.

[168] Vgl. *Schmidt-Rimpler*, Zur Gesetzgebungstechnik, S. 82 f.

[169] Zu diesem Abschnitt siehe *Schmidt-Rimpler*, Zur Gesetzgebungstechnik, S. 77 f.

im einzelnen aber für das Problem dieser Arbeit nicht mehr wichtig[170]. Bewußt werden sollen aber zwei Konsequenzen, die sich aus dieser Methode zumindest für Versicherungsbegriffe der Rechtswissenschaft ergeben: 1. Eine Begriffsbestimmung ergibt sich nicht zwangsläufig aus (erfolgreichem) Studium eines Sachverhaltes; ein Begriff wird vielmehr *gebildet*. 2. Wie ein Begriff zu bilden ist, hängt von dem *Problem* ab, dessen Lösung er dienen soll[171].

22.07.3 Die Perspektiven der Begriffe

Neben der juristischen Methode, die er auf das Versicherungsvertragsgesetz angewandt hat, läßt *Walter Schmidt-Rimpler* die Blickrichtungen und Verfahren anderer „Wissenschaftsgebiete" gelten. Er betont die Verschiedenheit ihrer Methoden und folgert daraus die Möglichkeit und die Notwendigkeit verschiedener Versicherungsbegriffe. Er begründet damit seine Skepsis gegenüber dem allgemeinen, einheitlichen Versicherungsbegriff, für den er trotzdem eine Chance offen sieht: Es könnte sein, daß alle Bereiche der Wissenschaft „die Versicherung im Sinne des rechtlichen (i. O. k.) Begriffs zum Gegenstand haben". Diese Äußerung stammt aus jüngerer Zeit und ist insoweit unwiderrufen[172]. Sie ist sogar ein Jahr später durch ein deutliches Bekenntnis bekräftigt worden. Bei dieser Gelegenheit hat *Walter Schmidt-Rimpler* zur Begründung ausgeführt, daß sich alle Disziplinen der Wissenschaft — wenn auch von ihrem besonderen Standpunkt — mit der (!) „rechtlich geformte(n) Versicherung" befassen. Und damit werde der juristische Begriff (warum nicht *ein* juristischer Begriff?) grundlegend für die Wissenschaft[173].

22.08 Der Versicherungsbegriff von Paul Riebesell[174]

Selten haben sich Mathematiker um das Wesen der Versicherung bemüht. Es scheint, daß sie von der Methode ihrer Wissenschaft her gegen eine derartige Fragestellung immun sind. Zu den Ausnahmen gehört *Paul Riebesell*. Er hat die Diskussion mit den Wirtschaftswissenschaftlern und Juristen aufgenommen und um eine weitere Deutung der Versicherung bereichert.

---

[170] Siehe dazu *Schmidt-Rimpler*, Über einige Grundbegriffe des Privatversrechts, S. 1225 ff.
[171] Vgl. *Schmidt-Rimpler*, Zur Gesetzgebungstechnik, S. 78.
[172] *Schmidt-Rimpler*, Zum Begriff der Vers., 1963, S. 493.
[173] DVfVW. Erörterungen zum Begriff der Vers. Colloquium, veranstaltet am 3. März 1964 in Stuttgart, S. 9 f.
[174] 1936—1947.

22.08.1 Die Merkmale des Begriffs

Paul Riebesell hat sich grundsätzlich zur „Bedarfstheorie" der Versicherung bekannt[175], aber durch zwei neue Merkmale eine eigenartige Variante ins Spiel gebracht. Die Definition hat folgenden Wortlaut: „Versicherung ist eine Gemeinschaft zum Ausgleich zufälligen, schätzbaren Bedarfs mit dem geringsten Aufwand an Mitteln, die von der Gemeinschaft nach Maßgabe der getragenen Gefahr aufgebracht werden[176]."

In der Interpretation der *herkömmlichen* Merkmale stimmt der Autor im großen und ganzen mit den übrigen Vertretern seiner Richtung überein[177]. Die Unterschiede, die trotzdem bestehen, sind zu unergiebig, um sie im einzelnen darzulegen. Es genügt daher, auf die *besonderen* Kennzeichen seines Begriffs einzugehen.

Das eine besagt, daß die Bedarfsdeckung in der Versicherung „mit dem geringsten Aufwand an Mitteln" erfolgt[178]. Es sieht so aus, als ob diese „Lehre von dem kleinsten Aufwand" mindestens vier verschiedene Aspekte hat: 1. Der sogenannte Versicherungsbetrieb soll so wirtschaftlich wie möglich arbeiten; die Betriebskosten dürfen das notwendige Maß nicht überschreiten. 2. Der sogenannte Versicherer soll der „schadenvermehrend(en)" Tendenz, die von der Versicherung zu befürchten ist, durch Schadenverhütung entgegenwirken. 3. Der Versicherer soll „Bedarfsprämien" erheben und seine Vertragspartner am Gewinn beteiligen. 4. Wenn die Kosten einer Bedarfsdeckung durch Versicherung zu hoch werden, soll ein anderes Verfahren an ihre Stelle treten. — Von der Erfüllung dieser Normen hängt es also ab, ob Versicherung vorliegt. Wer das aber im konkreten Fall beurteilen will, dürfte vor einem unlösbaren Problem stehen: Die Maximen sind insgesamt so unbestimmt, daß sie für die praktische Arbeit ohne weitere Präzisierung nicht geeignet sind.

Das andere Merkmal legt fest, daß die Gemeinschaft die benötigten Mittel „nach Maßgabe der getragenen Gefahr" aufbringt[179]. Was das

---

[175] *Riebesell*, Begriff, Gegenstand und Grenzen der Vers., S. 123.

[176] *Riebesell*, Begriff, Gegenstand und Grenzen der Vers., 1936—1939, S. 123. — Im Jahre 1947 hat *Riebesell* seine Definition folgendermaßen formuliert: „Versicherung ist die *Herbeiführung* (e. H.) einer Gemeinschaft zum Ausgleich zufälligen, schätzbaren Bedarfs mit dem geringsten Aufwand an Mitteln, die von der Gemeinschaft nach Maßgabe der getragenen Gefahr aufgebracht werden." Auf den Unterschied zu der früheren Fassung ist er dabei nicht eingegangen (*Riebesell*, Die Versfähigkeit der 2. Hypothek, S. 230).

[177] Vgl. *Riebesell*, Begriff, Gegenstand und Grenzen der Vers., S. 114—122; Naturalersatz als Grundprinzip der Vers., S. 167; Die Vers. als Leistungsgemeinschaft, S. 487; Die Berechnung der Prämie in der Sachvers. (Vortrag), S. 42; Das einheitliche Rechnungswesen in der Verswirtschaft, S. 5 f.

[178] Vgl. *Riebesell*, Begriff, Gegenstand und Grenzen der Vers., S. 122 f., und Die Berechnung der Prämie in der Sachvers. (Vortrag), S. 42.

[179] Vgl. *Riebesell*, Begriff, Gegenstand und Grenzen der Vers., S. 118—120;

bedeuten soll, wird in groben Umrissen so erklärt: Zum Zwecke der Versicherung werden die einzelnen Risiken nach Art und Höhe ihrer Gefahr selbständigen Gruppen (Gefahrengemeinschaften) zugeteilt. Sie werden hier mit den Prämien belastet, die ausreichen, um die Zufallsschwankungen (nur) innerhalb ihrer jeweiligen Gruppe auszugleichen. Als Beispiel dient die Lebensversicherung mit der Abstufung der Prämien nach dem Eintrittsalter. Die Probleme dieses Merkmals liegen im Detail[180]. Sie ergeben sich insbesondere daraus, daß dieses Prinzip nur „an sich richtig" ist. Wenn nämlich „alle Gefahrenmomente" genau untersucht und berücksichtigt werden, befürchtet *Paul Riebesell*, daß „die Versicherung überhaupt in sich zusammen (fällt)". Er empfiehlt darum dringend, *nicht* nach Maßgabe der Gefahr abzustufen, sondern auf „rohe Einteilungsmaßstäbe" zurückzugreifen. Wie roh man dabei verfahren darf, ist für ihn „Ansichtssache". Ansichtssache muß es dann aber auch bleiben, ob Versicherung vorliegt oder nicht.

22.08.2 *Perspektive und Geltungsanspruch des Begriffs*

Eine besondere Perspektive, unter der der Autor den Gegenstand Versicherung analysiert hätte, wird nicht herausgestellt. Das dürfte der Absicht entsprechen, über die Grenzen irgendeines Faches hinaus eine allgemeine Lösung anzustreben. In diesem Sinne läßt sich jedenfalls die Frage auffassen, ob die gefundene Definition den Ansprüchen aller Disziplinen genügt, die es mit der Versicherung zu tun haben[181].

Welches Problem soll nun aber in dieser Weise gelöst werden? Das Problem, das *Paul Riebesell* bewegt, zeigt sich darin, wie er den „Wert einer solchen theoretischen Untersuchung" begründet. Zwei Argumente treten dabei hervor[182]: 1. Die Versicherung soll durch „eine scharfe Definition" (!) von anderen Gegenständen abgegrenzt werden, z. B. von Wette, Spekulation und „Sozialversicherung". Dieses Anliegen leuchtet im Grunde ein und ist das naheliegende Ziel bei allen Definitionen. 2. Der andere Grund verdient Aufmerksamkeit; im späteren Rückblick wird er die Begriffspraxis des Autors verdeutlichen: Was an der Versicherung problematisch ist, kann sich nur dem erschließen, der „klar die Elemente des Versicherungsbegriffs erkennt". *Paul Riebesell* geht es also darum, im Versicherungsbegriff den Schlüssel zu

---

Läßt sich die Versprämie nach der Gefahr abstufen? S. 13 f.; Die Vers. als Leistungsgemeinschaft, S. 488; Die Berechnung der Prämie in der Sachvers. (Vortrag), S. 42 f.; Das einheitliche Rechnungswesen in der Verswirtschaft, S. 6.

[180] Diese Probleme einzeln nachzuweisen, hilft für diese Arbeit nicht weiter. — Siehe im übrigen die Aufsätze von *Braeß*, Wesen und Grenzen der „gerechten Prämie" und Prämiengerechtigkeit aus wirtschaftswissenschaftlicher Sicht.

[181] *Riebesell*, Ist die Umlage-Vers. doch eine richtige Vers.? S. 170.

[182] *Riebesell*, Begriff, Gegenstand und Grenzen der Vers., S. 113.

finden für die Lösung der Probleme, die mit der Versicherung verbunden sind. Das hat er auch später am Beispiel der zweiten Hypothek zu demonstrieren versucht, deren Versicherungsfähigkeit nach seiner Meinung vom Versicherungsbegriff her zu beurteilen ist[183].

Daß seine Begriffsbestimmung alle Erwartungen erfülle, muß *Paul Riebesell* fest geglaubt haben, da er sie für „die richtigste" hielt[184]. Für diesen Geltungsanspruch stehen auch die Einwände gegen andere Definitionen und die Argumente für die eigene. Sie sind zugleich geeignet, die Grundlagen seines Begriffs weiter zu erhellen. Gegen *Alfred Manes* und seine Fassung der Bedarfstheorie führt er an, daß sie „das Wesen der Versicherung nicht in ihrer richtigen Form" trifft[185]. Die Leistungstheorie soll den Nachteil haben, daß sie „das eigentlich Typische der Versicherung" nicht ausdrückt[186]. Und die soziologische Deutung der Versicherung wie auch die Schadentheorie kranken daran, daß sie einerseits nicht „sämtliche Versicherungszweige ... umgreifen" und andererseits zu eng sind[186]. Frei von all diesen Mängeln ist der eigene Versuch, der „alle notwendigen Merkmale umfaßt"[187]. Das ist alles, und „der *Fachmann* (e. H.) wird" die Richtigkeit dessen „leicht erkennen"[188] bzw. „sofort merken"[189].

22.09 Der Versicherungsbegriff von Hans Möller[190]

Es gibt verschiedene Anzeichen dafür, daß *Hans Möller* (Hamburg) in Fragen des Versicherungsbegriffs als kompetent angesehen wird: Der I. Internationale Kongreß für Versicherungsrecht hat sich von ihm im Generalreferat über „moderne Theorien zum Begriff der Versicherung und des Versicherungsvertrages" unterrichten lassen[191]. *Hans Möller* hat auch das Colloquium geleitet, das die Abteilung für Versicherungslehre im Deutschen Verein für Versicherungswissenschaft über den Versicherungsbegriff veranstaltet hat[192]. Und seine Definition der Versicherung ist dem Artikel Begriff im Handwörterbuch des Versicherungswesens zugrunde gelegt, und zwar mit der Begründung, daß sie „unter den jüngeren Begriffsbestimmungen ... durch ihre Prägnanz einen besonderen Platz einnimmt"[193]. — Das sind Präferenzen,

---

[183] *Riebesell*, Die Versfähigkeit der 2. Hypothek, S. 230.
[184] *Riebesell*, Begriff, Gegenstand und Grenzen der Vers., S. 123.
[185] *Riebesell*, Naturalersatz als Grundprinzip der Vers., S. 167.
[186] *Riebesell*, Begriff, Gegenstand und Grenzen der Vers., S. 121.
[187] *Riebesell*, Begriff, Gegenstand und Grenzen der Vers., S. 123.
[188] *Riebesell*, Begriff, Gegenstand und Grenzen der Vers., S. 121.
[189] *Riebesell*, Die Versfähigkeit der 2. Hypothek, S. 230.
[190] 1948—1964.
[191] Siehe *Möller*, Moderne Theorien zum Begriff der Vers. und des Versvertrages, Fußnote *, S. 269.
[192] Siehe Ziffer 12.02, S. 17 ff. dieser Arbeit.
[193] Siehe *Schmidt*, Art. Begriff, Sp. 243.

die seine Gedanken zum Versicherungsbegriff mit Nachdruck für eine Analyse in diesem Rahmen empfehlen.

22.09.1 Die Merkmale des Begriffs

Nach der Definition von *Hans Möller* ist Versicherung „eine Gemeinschaft gleichartig Gefährdeter, also eine Gefahrengemeinschaft mit selbständigen Rechtsansprüchen auf wechselseitige Bedarfsdeckung"[194].

Das Merkmal *Gemeinschaft*[195] wird aus jenem Ausgleich erklärt, der von der Versicherung erwartet wird und auf dem Gesetz der großen Zahl beruht. Dieses Gesetz setzt einen Zusammenschluß mehrerer, möglichst vieler voraus. Gemeinschaft ist dabei nur in einem technisch-wirtschaftlichen Sinne gemeint, als eine organisierte Vielheit, ohne daß es auf den weiteren Grund der Verbindung ankommt (Gesetz, genossenschaftliche Selbsthilfe, Organisation eines Dritten).

Die Elemente der Gemeinschaft sind *Gefährdete*[196]. Als gefährdet gilt, wer der Möglichkeit ausgesetzt ist, daß ihm ein Bedarf entsteht. Die daraus resultierende Ungewißheit darf unterschiedliche Aspekte des Bedarfs betreffen. Es kann fraglich sein, ob er überhaupt eintritt; es genügt aber auch, daß nur seine Höhe und/oder sein Zeitpunkt unbestimmt sind. Es reicht aus, daß die Ungewißheit des Bedarfs subjektiv vorhanden ist.

In die Gemeinschaft dürfen nur *gleichartig*[197] Gefährdete aufgenommen werden, weil es davon abhänge, ob der beabsichtigte Ausgleich gelingt. In diesem Zusammenhang ist zweierlei bemerkenswert: 1. Das Merkmal gleichartig wird kaum präzisiert, auch nicht durch die synonyme Verwendung des Begriffs homogene Risiken. Es wird lediglich klar, daß *Hans Möller* an irgendeine „Aufgliederung" der Risiken

---

[194] *Bruck-Möller*, Kommentar zum Versvertragsgesetz, 1953 ff., S. 96. — Der Wortlaut des Jahres 1948 unterscheidet sich davon nur geringfügig: Vers. ist „ein Zusammenschluß gleichartig Gefährdeter mit selbständigen Rechtsansprüchen auf gegenseitige Bedarfsdeckung" (*Möller*, Begriff und Einteilung der Vers., S. 29).

[195] Siehe: *Möller*, Begriff und Einteilung der Vers., S. 26; *Bruck-Möller*, Kommentar zum Versvertragsgesetz, S. 96 f.; *Möller*, Moderne Theorien zum Begriff der Vers. und des Versvertrages, S. 271; *Möller*, Zur Terminologie des Verswesens, S. 12.

[196] Siehe: *Möller*, Begriff und Einteilung der Vers., S. 26 f.; *Bruck-Möller*, Kommentar zum Versvertragsgesetz, S. 97 f.; *Möller*, Moderne Theorien zum Begriff der Vers. und des Versvertrages, S. 275 f.; *Möller*, Zur Terminologie des Verswesens, S. 17. Siehe auch die frühere Definition der Gefahr in *Möller*, Beziehung — Gefahr — Bedarf, 1934, S. 26.

[197] Siehe: *Möller*, Begriff und Einteilung der Vers., S. 27; *Bruck-Möller*, Kommentar zum Versvertragsgesetz, S. 98; *Möller*, Moderne Theorien zum Begriff der Vers. und des Versvertrages, S. 297; DVfVW. Erörterungen zum Begriff der Vers. Colloquium, veranstaltet am 3. März 1964 in Stuttgart, S. 46; DVfVW. Erörterungen zum Begriff der Vers. Bericht über ein am 3. März 1964 veranstaltetes Colloquium, S. 5.

denkt. Er räumt ein, daß sich „Theorie und Praxis" in diesem Punkte über „Einzelfragen" häufig nicht einig sind, und beläßt es dabei. In diesem Merkmal bleibt der Begriff daher unbestimmt; im konkreten Fall läßt sich nicht sicher sagen, ob eine Gleichartigkeit im erforderlichen Maße vorliegt. 2. In dem (späteren) Colloquium über den Versicherungsbegriff hat sich *Hans Möller* zustimmend auf ein Referat von *Paul Braeß* berufen, in dem die Möglichkeit des Ausgleichs auch für heterogene Risiken bejaht wird[198]. Das erweckt den Eindruck, als ob *Hans Möller* nun nicht mehr auf der Gleichartigkeit der Risiken besteht. Aus dem Bericht, den er einen Tag später über die Diskussion abgegeben hat, geht aber hervor, daß nach seiner Ansicht auch weiterhin „möglichst immer ... gleichartige Risiken ... in einer Gefahrengemeinschaft zusammen(geschlossen)" werden sollen.

Das Ziel der Gefahrengemeinschaft ist *Bedarfsdeckung*[199]. Bedarf in diesem Sinne ist der objektiv bemessene Wunsch eines Betroffenen, einen (weitgefaßten) Vermögensnachteil auszugleichen. Der Nachteil muß dadurch entstehen, daß sich eine drohende Gefahr verwirklicht und Aktiven beeinträchtigt oder Passiven herbeiführt. Dieser Bedarf soll durch eine Leistung in Geld oder in natura erfüllt oder gedeckt werden. — Das Merkmal Bedarfsdeckung sei im übrigen sowohl in der sogenannten Schadenversicherung anzutreffen als auch in der sogenannten Summenversicherung. Für die Summenversicherung gibt *Hans Möller* allerdings vorsichtig zu, daß die versicherte Gefahr hier nur „erfahrungsgemäß geeignet ist, dem Grunde nach (?, e. Anm.) einen Bedarf hervorzurufen". Und deutlicher räumt er an anderer Stelle ein, daß „eine abstrakte Summe (?, e. Anm.) ... ohne Rücksicht auf den eingetretenen Vermögensschaden" ausgezahlt werde. Trotzdem bleibt er bei seiner Definition des Bedarfs und der Feststellung, daß die sogenannte Summenversicherung auf diese Weise erfaßt werde.

Die Bedarfsdeckung erfolgt in der Versicherung *wechselseitig*[200] oder gegenseitig. Das soll bedeuten, daß die Mittel für die Bedarfsdeckung grundsätzlich von den Gefährdeten bzw. von den Nachfragenden selbst aufgebracht werden. Zuschüsse oder Garantien Dritter heben den Versicherungscharakter nicht auf. Versicherung liegt nur dann nicht mehr

---

[198] Vgl. Ziffer 12.01, S. 16 dieser Arbeit.

[199] Siehe: *Möller*, Beziehung — Gefahr — Bedarf, S. 31; *Möller*, Interesse und Bewertung, S. 225; *Möller*, Begriff und Einteilung der Vers., S. 27 f.; *Bruck-Möller*, Kommentar zum Versvertragsgesetz, S. 98; *Möller*, Moderne Theorien zum Begriff der Vers. und des Versvertrages, S. 273 f.; *Möller*, Deckung des Bedarfs.

[200] Siehe: *Möller*, Begriff und Einteilung der Vers., S. 28; *Bruck-Möller*, Kommentar zum Versvertragsgesetz, S. 99; *Möller*, Moderne Theorien zum Begriff der Vers. und des Versvertrages, S. 273; *Möller*, Zur Terminologie des Verswesens, S. 12 f.

vor, wenn die gesamten Mittel der Gefahrengemeinschaft von außen zugeführt werden.

Die Leistung im Bedarfsfalle muß durch einen *Rechtsanspruch*[201] sichergestellt sein. Wenn dieser Anspruch auch nur formell fehlt, handelt es sich nicht um Versicherung.

Der Rechtsanspruch auf die Versicherungsleistung muß *selbständig*[202] bestehen; er darf nicht eine nur „(minderbedeutsame) Nebenleistung" sein. Es ist eine Frage an den Juristen, ob dieses Merkmal für die Kennzeichnung der Versicherung in Grenzfällen hinreichend bestimmt ist. Ein rücksichtsvolles Nein von *Reimer Schmidt* scheint darin zu liegen, daß eine Abgrenzung auf dieser Grundlage nach seiner Ansicht „sehr schwierig (bleibt)"[203].

Die voraufgegangenen sieben Kennzeichen der Versicherung sind ihre „maßgebliche(n) Merkmale"[204]. Daneben führt *Hans Möller* drei bzw. vier „unmaßgebliche" oder „unerheblich(e)" Kriterien an[205]. Sie betreffen nicht den Inhalt des Versicherungsbegriffs und berühren nicht seinen Umfang. Sie mögen daher auf sich beruhen.

22.09.2 Die Perspektive des Begriffs

Hans Möller stellt klar, daß er den Versicherungsbegriff vom juristischen Standpunkt definiert: Er spricht von „Versicherung im Rechtssinne"[206] und kündigt „rechtliche(-) Betrachtungen" an, die er an einen wirtschaftlichen Begriff anschließt[207]; er unterscheidet die Position des Juristen von der des Mathematikers und des Wirtschaftswissenschaftlers[208] und betont häufig die Eignung seiner Begriffsmerkmale für die Abgrenzung der Versicherung von anderen juristischen Gegenständen[209] und die Rechtsentscheidungen, die darauf beruhen[210]. Die rechtswissenschaftliche Perspektive läßt sich insoweit nicht leugnen.

---

[201] Siehe: *Möller*, Begriff und Einteilung der Vers., S. 29; *Bruck-Möller*, Kommentar zum Versvertragsgesetz, S. 99.
[202] Siehe: *Möller*, Begriff und Einteilung der Vers., S. 29; *Bruck-Möller*, Kommentar zum Versvertragsgesetz, S. 100; *Möller*, Moderne Theorien zum Begriff der Vers. und des Versvertrages, S. 278 ff.
[203] *Schmidt*, Art. Begriff, Sp. 247.
[204] *Bruck-Möller*, Kommentar zum Versvertragsgesetz, S. 96.
[205] *Möller*, Begriff und Einteilung der Vers., S. 29 f.; *Bruck-Möller*, Kommentar zum Versvertragsgesetz, S. 100.
[206] *Bruck-Möller*, Kommentar zum Versvertragsgesetz, S. 96.
[207] *Möller*, Moderne Theorien zum Begriff der Vers. und des Versvertrages, S. 270.
[208] *Möller*, Moderne Theorien zum Begriff der Vers. und des Versvertrages, S. 277.
[209] *Möller*, Begriff und Einteilung der Vers., S. 27; *Bruck-Möller*, Kommentar zum Versvertragsgesetz, S. 98; *Möller*, Moderne Theorien zum Begriff der Vers. und des Versvertrages, S. 273.
[210] *Möller*, Begriff und Einteilung der Vers., S. 26 und 29; *Bruck-Möller*, Kommentar zum Versvertragsgesetz, S. 97; *Möller*, Moderne Theorien zum Begriff der Vers. und des Versvertrages, S. 271 f.

Wenn man sich diesen Standpunkt des Autors klar macht, trifft man in seinen Veröffentlichungen auf Probleme, die sich in der folgenden Weise ergeben: *Hans Möller* meint, daß zwischen dem Begriff Versicherung und dem des Versicherungsvertrags streng zu unterscheiden sei[211]. Als Versicherungsvertrag sieht er ein einzelnes Rechtsverhältnis an, als Versicherung aber „einen Inbegriff von vielen derartigen Rechtsverhältnissen"[212] oder „die Gesamtheit der Tätigkeiten, die ein Versicherungsunternehmen ausübt"[213]. Es mag dahingestellt bleiben, ob diese beiden Deutungen der Versicherung identisch sind. Wichtiger ist dies: 1. Der Begriff Versicherung (nicht der des Versicherungsvertrags) wird juristisch aufgefaßt und anscheinend unabhängig von einem speziellen Gesetz in einem wohl alles umfassenden Rechtssinne bestimmt. 2. Der auf dieser Grundlage definierte Begriff wird unabhängig von dieser Beschränkung in einem allgemeinen Sinne verwandt[214]. Das muß bedeuten, daß die juristische Perspektive einen nicht nur rechtswissenschaftlichen Begriff ergibt, sondern einen gleichfalls allgemeinen.

Was *Hans Möller* über diesen Sachverhalt denkt, hat er an einigen Stellen ausgesprochen. Er bestätigt und begründet zunächst sein Ziel, den allgemeinen Versicherungsbegriff zu finden[215]: Er geht davon aus, daß die Versicherungswissenschaft eine Sammelwissenschaft ist, die sich aus Einzelwissenschaften mit unterschiedlichen Fragestellungen und Denkmethoden zusammensetzt. Das verbindende Element ist der einheitliche Stoff, den sie behandeln. Daraus resultieren auch gemeinsame Probleme, unter denen die (einheitliche) Definition des Versicherungsbegriffs den Vorrang hat. — Welchen Anteil nun die juristische Betrachtung an diesem allgemeinen Versicherungsbegriff hat, darauf hat sich *Hans Möller* nicht klar festgelegt. Auf der einen Seite hebt er die rechtswissenschaftliche Perspektive hervor[216], auf der anderen Seite glaubt er an einen Begriff, der „irgendwie überjuristisch, überwirtschaftlich vorgegeben ist"[217]. Die Lösung dessen könnte damit zusam-

---

[211] *Bruck-Möller*, Kommentar zum Versvertragsgesetz, S. 96.
[212] DVfVW. Erörterungen zum Begriff der Vers. Bericht über ein am 3. März 1964 veranstaltetes Colloquium, S. 2.
[213] *Möller*, Moderne Theorien zum Begriff der Vers. und des Versvertrages, S. 270. — Im übrigen führt *Möller* diese Unterscheidung selbst nicht konsequent durch. Siehe *Bruck-Möller*, Kommentar zum Versvertragsgesetz, S. 96: „Die Absicht planmäßigen Handelns genügt, es brauchen also nicht viele *Versicherungen* (e. H.) bereits abgeschlossen zu sein."
[214] Vgl. *Möller*, Begriff und Einteilung der Vers. und Zur Terminologie des Verswesens.
[215] Siehe *Möller*, Begriff und Einteilung der Vers., S. 25, und Zur Terminologie des Verswesens, S. 17.
[216] Diesen Sachverhalt bestätigt Reimer *Schmidt* (Siehe *Schmidt*, Art. Begriff, Sp. 243).
[217] DVfVW. Erörterungen zum Begriff der Vers. Colloquium, veranstaltet am 3. März 1964 in Stuttgart, S. 3.

menhängen, „daß ein gewisser Begriffs*kern* doch allen Fakultäten gemeinsam" ist[218]. Ob das aber haltbar ist, ist eine andere Frage.

22.09.3 Die Methode der Begriffsbestimmung

Man würde den Problemen des vorhergehenden Abschnittes näherkommen, wenn das Verfahren bekannt wäre, auf das sich der Autor bei seiner Begriffsanalyse stützt. Wie ein solches Verfahren aussehen kann, hat *Walter Schmidt-Rimpler* durch sein Beispiel belegt[219]. Wie steht es also um die Methode von *Hans Möller*?

Die beiden Veröffentlichungen des Jahres 1950 und 1953, in denen die Begriffsbestimmung einer breiten Öffentlichkeit vorgelegt wird, enthalten kein Wort zur Methode[220]. Der Autor beschränkt sich darauf, das *Ergebnis* seiner Forschung darzulegen. Es ist möglich, daß *Jan Hellner* mit seiner Rezension des Jahres 1957 und der Warnung vor Begriffsjurisprudenz ein offenes Bekenntnis veranlaßt hat[221]. *Hans Möller* hat jedenfalls im Jahre 1962 zweimal zu grundlegenden Aspekten der Begriffe Stellung genommen[222]. Begriffe sind danach *nicht* „bindend vorgegeben, gleichsam präexistent"; sie sind vielmehr auf Ziele auszurichten, die mit ihnen erreicht werden sollen. Ihre Definitionen müssen daher den Zwecken untergeordnet und angepaßt werden, zu denen sie die Mittel sind.

Stimmt die so charakterisierte Methode nun mit jenem Verfahren überein, aus dem der erörterte Begriff hervorgegangen ist? Die sichtbaren Unterschiede sind so groß, daß sich erhebliche Zweifel rechtfertigen lassen: 1. Es fällt auf, daß die Zwecke nicht untersucht worden sind, denen der neu zu bildende Begriff dienen soll. Es ist natürlich denkbar, daß *Hans Möller* für das gesamte Versicherungsrecht einen unausgesprochenen, einheitlichen Zweck unterstellt hat[223]. Er fände dabei zwar nicht die volle Zustimmung von *Reimer Schmidt*[224]; schwerer wiegt aber dies: Sollte es wirklich der Fall sein, daß er z. B. den Zweck des Versicherungsvertragsgesetzes ohne genaue Untersuchung auch für

---

[218] DVfVW. Erörterungen zum Begriff der Vers. Bericht über ein am 3. März 1964 veranstaltetes Colloquium, S. 2.
[219] Vgl. Ziffer 22.07.2, S. 56 ff. dieser Arbeit.
[220] Vgl. *Möller*, Begriff und Einteilung der Vers.; *Bruck-Möller*, Kommentar zum Versvertragsgesetz.
[221] Siehe *Hellner*, Rezension zu: *Bruck-Möller*, Kommentar zum Versvertragsgesetz, 1957, S. 114.
[222] Siehe *Möller*, Moderne Theorien zum Begriff der Vers. und des Versvertrages, S. 269, und Zur Terminologie des Verswesens, S. 11.
[223] Ein später Anhaltspunkt dafür ist die Behauptung, daß „die Ziele der Versgesetzgebung in aller Welt ziemlich identisch sind" (*Möller*, Moderne Theorien zum Begriff der Vers. und des Versvertrages, 1962, S. 269).
[224] „Die Zwecksetzung der Normengruppen führt zu unterschiedlichen Nuancierungen des Begriffs in den einzelnen Teilgebieten des Versrechts, z. B. des Vertrags-, Aufsichts- und Steuerrechts." (*Schmidt*, Gedanken zum Begriff der Vers., S. 247.)

die Versicherungsmathematik oder für die Betriebswirtschaftslehre angenommen habe? Davon ist jedenfalls nicht die Rede. 2. Noch deutlicher ist das Argument, mit dem *Hans Möller* das Merkmal schätzbar für seinen Versicherungsbegriff ablehnt. Er führt an, daß es selbst für unschätzbare Risiken „*versicherung*stechnische (e. H.) Mittel" gebe, die „einen Versicherungsschutz ermöglichen"[225]. Welche andere Basis kann dieses Urteil haben als einen „präexistenten" Begriff, zu dem sich *Hans Möller* auch während des Colloquiums der Abteilung für Versicherungslehre ausdrücklich bekannt hat[226].

Hans Möller hat also die Praxis seiner Begriffsbestimmung nicht geklärt. Das ist auch die Meinung von *Jan Hellner* in einer eingehenden Rezension des Jahres 1966[227].

22.10 Der Versicherungsbegriff von Werner Mahr[228]

Wer an der gründlichen Arbeit von *Walter Schmidt-Rimpler* am Versicherungsbegriff Gefallen findet, wird sich auch für die Bemühungen von *Werner Mahr* interessieren. Denn der Jurist zollt dem Nationalökonom freundliche Anerkennung und deutet dessen Begriffsbestimmung zustimmend als „das wirtschaftswissenschaftliche Spiegelbild (s)einer juristischen"[229]. Diese Empfehlung mag es rechtfertigen, sich auch in jenes Ergebnis zu vertiefen, das *Werner Mahr* in zwei Auflagen seines versicherungswissenschaftlichen Lehrbuches unverändert vertritt[230].

22.10.1 Die Merkmale des Begriffs[231]

Werner Mahr bietet folgende Definition des Begriffs Versicherung an: „Versicherung ist Sicherung der Wirtschaftsführung gegen die aus unabwendbaren Gefahren fließenden Risiken, vollbracht durch Verteilung der Versicherungsleistung auf einen von der gleichen Gefahr bedrohten Kreis von Wirtschaften oder durch einen nach Wahrscheinlichkeitskalkulen wagenden Versicherer."

Die einzelnen Merkmale des Begriffs lassen sich an dieser Definition allerdings nur mit Vorbehalten studieren. Die ursprüngliche Erläute-

---

[225] *Möller*, Moderne Theorien zum Begriff der Vers. und des Versvertrages, S. 277.
[226] DVfVW. Erörterungen zum Begriff der Vers. Colloquium, veranstaltet am 3. März 1964 in Stuttgart, S. 3 und 4.
[227] Siehe *Hellner*, Rezension zu: *Bruck-Möller*, Kommentar zum Versvertragsgesetz, 1966, S. 601 ff.
[228] 1951—1964.
[229] *Schmidt-Rimpler*, Zum Begriff der Vers., Fußnote 84, S. 502.
[230] *Mahr*, Einführung in die Verswirtschaft, 1. Aufl. 1951, 2. Aufl. 1964.
[231] Siehe *Mahr*, Einführung in die Verswirtschaft, 2. Aufl., S. 72 ff.

rung des Gegenstandes Versicherung enthält nämlich eine Fülle von Kennzeichen, die in der späteren Definition zusammengefaßt werden oder untergehen. Mit dieser Kürzung aber hat der Autor die blasse Vagheit seiner Beschreibung vermehrt[232]. Aus diesem Grunde ist es vorzuziehen, sich an der ausführlichen Darlegung zu orientieren.

Eine erste Gruppe von Merkmalen soll die Versicherung aus der Sicht dessen kennzeichnen, der sie nachfragt. Ausgangspunkt dafür ist das Risiko einer jeden Einzelwirtschaft. Es besteht in der Möglichkeit, daß die Daten des Wirtschaftsplanes ungünstig von den faktischen Daten abweichen. Die Kriterien der Versicherung, die von hier aus aufgezeigt werden, lassen sich drei Komplexen zuordnen: 1. Aus der Summe der Teilrisiken hat es die Versicherung nur mit jenen zu tun, die „in unabwendbaren Gefahren liegen(-)". Diese Voraussetzung erfüllen Risiken, wenn sie trotz der Risikomeidung und der Risikovorbeuge fortbestehen, die „im Wirtschaftsleben zumutbar und üblich sind". 2. Die Versicherung leistet der bedrohten Wirtschaft eine Garantie für die Verwirklichung ihres Planes. Die Einzelheiten dieser Garantie werden dualistisch interpretiert: Die Zusage geht entweder dahin, ungünstige Änderungen der Plandaten auszugleichen oder einen langfristigen Sparplan zu erfüllen. 3. Die Versicherung leistet der betroffenen Wirtschaft von außen einen Zuschuß in Naturalien oder Geld, damit sie plangemäß weitergeführt werden kann.

Die übrigen Merkmale betreffen die Art und Weise, wie die Versicherung zustande gebracht wird. Das Verfahren wird nicht einheitlich aufgefaßt. Das eine Mal bewirken gleichartig bedrohte Wirtschaften die Versicherung; das andere Mal übernimmt eine außenstehende Wirtschaft die Risiken der Bedrohten gegen Prämien, die sie nach Grundsätzen der Wahrscheinlichkeitsrechnung kalkuliert.

---

[232] Zum Beleg dessen u. a.: 1. Das Definiendum steht zweimal im Definiens (Versleistung, Versicherer); das unbestimmte Definiendum soll also teilweise durch sich selbst bestimmt werden. 2. Der Terminus unabwendbar hat — ohne Hinweis in der Definition — nicht die Bedeutung des üblichen Sprachgebrauchs. Nur so kommt es, daß *Schmidt-Rimpler* dieses Merkmal kritisiert (Zum Begriff der Vers., Fußnote 84, S. 502). In diesem Punkte liegt kein wirklicher Dissens vor, sondern nur eine unzweckmäßige Verwendung der Sprache. Davon abgesehen, hat *Mahr* den von ihm beabsichtigten Sinn des strittigen Terminus an anderer Stelle unzureichend angedeutet (Einführung in die Verswirtschaft, 2. Aufl., S. 74). 3. Daß die Wirtschaftsführung der Betroffenen durch einen „Zuschuß ... notwendige(r) Mittel" von außen gesichert werde, wird von *Mahr* gefordert, in der Definition aber nicht ausgedrückt. Die Definition trifft daher auch zu, wenn die bedrohten Wirtschaften zugunsten eines ihrer Mitglieder gemeinsam *Risikovorbeuge* (im Sinne des Autors) betreiben. Diesen Sachverhalt möchte *Mahr* aber ohne Zweifel aus der Klasse Vers. ausschließen (Einführung in die Verswirtschaft, 2. Aufl., S. 73, 25, 26 f.).

22.10.2 Die Perspektive des Begriffs

Der Autor stellt ausdrücklich klar, daß es ihm um „die ökonomischen Probleme der Versicherungswirtschaft" und um „eine wirtschaftstheoretische Betrachtung des Versicherungswesens" geht[233]. Im Rahmen der sogenannten Versicherungswissenschaft scheint er sich also auf die wirtschaftswissenschaftlichen Fragen zu konzentrieren und zu beschränken. Man wird in dieser Annahme bestärkt durch den Hinweis, daß die anderen Teildisziplinen ihre eigenen und anderen Prinzipien haben[234]. Es liegt nahe, daraus zu folgern, daß auch die Begriffsbestimmung hier unter den Aspekten jener Disziplin erfolgt, die dem Autor am Herzen liegt. Dafür lassen sich einige Stützen finden: 1. *Werner Mahr* meint, daß sich die Definitionen „je nach *Zugehörigkeit* (e. H.) zu der betreffenden Wissenschaft" unterscheiden lassen[235]. 2. Er entwickelt seinen Versicherungsbegriff eindeutig auf der Basis seiner Teildisziplin. Soweit dürfte also feststehen, daß es sich hier um eine Definition mit wirtschaftswissenschaftlicher Perspektive handelt. Diese Definition tritt neben andere, die auf den übrigen Perspektiven beruhen.

Diesen Eindruck versucht der Autor aber zu beseitigen, indem er folgende Behauptungen aufstellt: 1. Die Teildisziplinen befassen sich zwar jeweils mit besonderen Seiten des Gegenstandes Versicherung, sie setzen aber den Begriff als bekannt voraus. 2. Es ist Aufgabe der allgemeinen Versicherungslehre, „das Wesen der Versicherung zu erforschen", also *den* Versicherungsbegriff zu bilden[236]. Die erste Aussage ist leicht zu widerlegen: U. a. hat sich *Walter Schmidt-Rimpler* als Vertreter der Rechtswissenschaft (und nicht der allgemeinen Versicherungslehre) und nur in diesen Grenzen um den Versicherungsbegriff bemüht[237]. Die zweite Aussage führt zu der Frage, welche Perspektive der allgemeinen Versicherungslehre eigen ist. *Werner Mahr* greift sie nicht auf. Aber dem Haupttitel seines Werkes „Einführung in die Versicherungswirtschaft" folgt der Untertitel „Allgemeine Versicherungslehre". Soll das heißen, daß die wirtschaftswissenschaftliche Perspektive gleichzeitig auch die grundlegende für die Bestimmung des allgemeinen Versicherungsbegriffs ist? Wo sich die Lücke hier (vielleicht) formal schließt, fangen die Rätsel an. *Werner Mahr* läßt sie auf sich beruhen.

---

[233] *Mahr*, Einführung in die Verswirtschaft, 2. Aufl., S. 5 und 13.
[234] *Mahr*, Einführung in die Verswirtschaft, 2. Aufl., S. 13.
[235] *Mahr*, Einführung in die Verswirtschaft, 2. Aufl., S. 69.
[236] *Mahr*, Einführung in die Verswirtschaft, 2. Aufl., S. 13.
[237] Vgl. Ziffer 22.07, S. 54 ff. dieser Arbeit.

22.10.3 Die Methoden der Begriffsbildung

Für *Werner Mahr* gibt es zwei Wege, die zu wissenschaftlich relevanten Begriffen führen. Ihre Verschiedenheit hängt zusammen mit der Unterscheidung von Ideal- und Realwissenschaften.

In den Idealwissenschaften kommen die Begriffe *a priori* zustande[238]. Es geht hier nicht um Aussagen, die an der empirischen Welt geprüft werden sollen. Die Merkmale der Begriffe können daher ohne jede Verbindung zur Wirklichkeit aufgestellt werden; sie begründen sogenannte Idealgegenstände. — *Werner Mahr* unterstellt dieses Verfahren den Urhebern der meisten Versicherungsbegriffe[239]. Er ist der Meinung, daß ihre Ergebnisse auch soweit „mehr oder weniger richtig(-)" sein können[240].

In den Realwissenschaften werden die Begriffe *a posteriori* gebildet[241]. Es werden hier Aussagen angestrebt, die die Wirklichkeit betreffen und deren Wert daher von ihrer Übereinstimmung mit empirischen Sachverhalten abhängt. Es leuchtet ein, daß die Merkmale eines Grundbegriffs — wie des der Versicherung — in diesem Falle an den „vorhandenen Realitäten" orientiert werden müssen. Der Definition des Begriffs muß also die „Schau in die Wirklichkeit" vorangehen, bei der — nach *Werner Mahr* — die „Wesensmerkmale" des „gemeinten Gegenstand(es) ... vorgefunden(-)" werden. Diese Verfahrensweise wird nicht weiter erläutert; sie erscheint — wenigstens dem Autor — hinreichend klar und gesichert durch den Hinweis auf *Walter Eucken* und seine „pointierend hervorhebende(-) Abstraktion".

Der Beistand, den sich *Werner Mahr* in diesem Punkte von *Walter Eucken* erhofft, reicht aber nicht sehr weit[242]. Die pointierend hervorhebende oder isolierende Abstraktion steht dort im Gegensatz zur generalisierenden. Aus ihrer Gegenüberstellung sollten sich daher einige Anhaltspunkte für das vorläufig unklare Verfahren der Begriffsbildung ergeben. Wer generalisierend abstrahiert, geht aus von „viele(n) konkreten Tatbestände(n)", ermittelt ihre „gemeinsamen Züge" und legt sie fest in „Gattungsbegriffen". Die isolierende Abstraktion dagegen setzt „am *einzelnen* Tatbestand" an, hebt „eine (seiner) Seite(n)" heraus und schafft so einen „Idealtypus"[243] oder eine „reine(-)

---

[238] Vgl. *Mahr*, Einführung in die Verswirtschaft, 2. Aufl., S. 72.
[239] *Mahr*, Einführung in die Verswirtschaft, 2. Aufl., S. 13. — Eine solche Aussage läßt sich aus der Literatur über die Versbegriffe *nicht* rechtfertigen.
[240] *Mahr*, Einführung in die Verswirtschaft, 2. Aufl., S. 29.
[241] *Mahr*, Einführung in die Verswirtschaft, 2. Aufl., S. 72.
[242] Siehe *Eucken*, Die Grundlagen der Nationalökonomie, S. 70, Anmerkung 28 auf S. 254 und Anmerkung 66 auf S. 269.
[243] Die Idealtypen der Realwissenschaften sind dabei wohl etwas anderes als die Idealgegenstände der Idealwissenschaften.

Form(-)". Was ist aber in der empirischen Welt ein *einzelner* Tatbestand? Wie gewinnt man ihm eine seiner *Seiten* ab? Und *welche* Seite von mehreren ist wichtig genug für einen Idealtypus, mit dem sich eine bestimmte Wissenschaft beschäftigen soll? Das sind Fragen, bei denen die pointierend hervorhebende Abstraktion undurchsichtig bleibt.

Auf welcher Methode beruht nun der Versicherungsbegriff von *Werner Mahr*? Der Autor umgeht auch diesmal eine eindeutige Antwort. In der Versicherungswissenschaft soll es zwar darum gehen, „einen der sozialen Wirklichkeit angehörenden Gegenstand" zu erkennen; und doch sollen für sie beide Verfahren wichtig sein können, also sowohl das ideal- als auch das realwissenschaftliche[244]. Wenigstens der Anschein spricht aber dafür, daß es sich hier um das letzte von beiden handelt.

Ohne Rücksicht auf die Lücken, die hinsichtlich der Methoden für den Leser bleiben, steht für *Werner Mahr* fest, daß „eine vollständige Definition der Versicherung" zweierlei enthalten muß: 1. ihre Funktion für die einzelne Wirtschaft und damit das Motiv ihrer Nachfrage und 2. die Art und das Motiv ihres Angebots[245].

22.11 Der Versicherungsbegriff von Hans Gert Lobscheid[246]

Hans Gert Lobscheid hat sich meistens in einem größeren Zusammenhang mit dem Versicherungsbegriff befaßt. Sein Interesse gilt in erster Linie den Grundlagen der Versicherungswissenschaft, und zwar ihrer Existenz, ihrer Selbständigkeit und ihrem Charakter. Die Ergebnisse seiner Forschung reichen hin bis zum Versicherungsbegriff, der in dem angedeuteten Rahmen weitgehend bestimmt wird. Unter zwei Gesichtspunkten erscheinen diese Überlegungen wichtig: 1. Sie stammen aus unserer Zeit und sind insoweit aktuell[246]; 2. sie werden auf Literatur zur Wissenschaftstheorie zurückgeführt, u. a. auf Schriften des logischen Positivismus, also einer neuzeitlichen Richtung der Erkenntnislehre[247]. Das ist der Grund, warum nun untersucht werden soll, wie der Versicherungsbegriff auf einer solchen Basis definiert wird und wie weit der Weg aufgezeigt und begründet wird, der zu diesem Begriff hinführt.

---

[244] *Mahr*, Einführung in die Verswirtschaft, 2. Aufl., S. 72.
[245] *Mahr*, Einführung in die Verswirtschaft, 2. Aufl., S. 72.
[246] 1955—1966.
[247] Vgl. *Lobscheid*, Zur Wissenschaft von der Vers., Fußnoten 5—10 und Theoretische und angewandte Verswissenschaft, Fußnoten 3, 4, 10, 35, 105, 108.

22.11.1 Die Merkmale des Begriffs

Es können Zweifel bestehen, ob *Hans Gert Lobscheid* überhaupt als Urheber eines bestimmten Versicherungsbegriffs anzusehen ist. Das kommt daher, daß er zu keiner Zeit ein neues Merkmal ins Spiel gebracht hat, das von vornherein eine neue und andere Lösung erkennen läßt. Er hat vielmehr auf die „Fülle"[248] der vorliegenden Definitionen hingewiesen, die zwar meistens einseitig seien[249], aus denen man aber eine „umfassende Begriffsbestimmung ableiten" könne[250]. In diesem Sinne hat er „seine" Merkmale bei anderen Autoren entlehnt und mit dem Hinweis auf ihre Quelle in folgender Weise originell zusammengefaßt:

„Versicherung ist finanzielle Vorsorge *(Voigt)* zur Sicherung der Wirtschaftsführung gegen aus unabwendbaren Gefahren fließende Risiken *(Mahr)* durch rechnerischen Ausgleich *(Rohrbeck)* nach Verteilung der individuellen Ungewißheit eines gestaltungserheblichen Ereignisses *(Schmidt-Rimpler)* auf viele ihm gleichartig ausgesetzte Wirtschaften *(Huelsse)* mit selbständigen Rechtsansprüchen *(Möller)* aus einer gegenseitigen Deckung des schätzbaren Geldbedarfs *(Manes)*[251]."

Auf den ersten Blick überrascht die Auswahl sowohl der Merkmale als auch der Autoren. Es handelt sich nämlich keineswegs um die einzigen Merkmale, die diese Forscher anbieten, und durchaus nicht immer um jene, die sie als besonders wichtig hinstellen. Es wird auch nicht immer auf jene Autoren zurückgegriffen, die die Priorität des Merkmals (oder der Merkmale) für sich beanspruchen können. Vor allem aber sind mit den ursprünglichen Definitionen unterschiedliche, vielleicht sogar unvereinbare Ziele angestrebt worden[252]. Schon deswegen ist es kaum möglich, ihre Elemente ohne weiteres zu mischen. Unter diesen Umständen geht das Interesse nun über die konkrete Fassung des Begriffs hinaus auf ihre Begründung.

---

[248] *Lobscheid*, Vers. in wissenschaftstheoretischer Betrachtung, S. 13, Fußnote 16. — Der Terminus scheint in seinem positiven Sinne gebraucht zu sein, um den wissenschaftlichen Wert der bisherigen Ergebnisse zu unterstreichen.

[249] *Lobscheid*, Vers. als Begriff, S. 58, und Vers. meint Sicherheit, S. 280.

[250] *Lobscheid*, Vers. als Begriff, S. 58.

[251] *Lobscheid*, Zur Wissenschaft von der Vers., S. 198, und Vers. als Begriff, S. 58. — Zu den zitierten Autoren vgl.: *Voigt*, Die volkswirtschaftliche Bedeutung der Vers., S. 91; *Mahr*, Ziffer 22.10, S. 67 ff. dieser Arbeit; *Rohrbeck*, Ziffer 22.06, S. 48 ff. dieser Arbeit; *Schmidt-Rimpler*, Ziffer 22.07, S. 54 ff. dieser Arbeit; *Huelsse*, Vers. und Wirtschaft, S. 66; *Möller*, Ziffer 22.09, S. 61 ff. dieser Arbeit; *Manes*, Ziffer 22.03, S. 33 ff. dieser Arbeit.

[252] Das gilt z. B. für *Manes* und *Schmidt-Rimpler* und geht insoweit aus Ziffer 22.03, S. 33 ff. und Ziffer 22.07, S. 54 ff. dieser Arbeit hervor. Das trifft z. B. auch zu auf *Schmidt-Rimpler* und *Huelsse*; der eine sucht den Versbegriff des Versvertragsgesetzes, der andere den der Volkswirtschaftslehre.

22.11.2 Das Ziel der Begriffsbestimmung

Den Schlüssel für seine Fragen findet *Hans Gert Lobscheid* darin, daß es „nach allgemeiner Auffassung" der besondere Gegenstand und die besondere Methode sind, die eine Wissenschaft begründen[253]. Also ist auch die Versicherungswissenschaft nach diesen beiden Kriterien zu beurteilen. Was darf man sich nun unter dem Gegenstand einer Wissenschaft vorstellen? Eine Definition wird nicht gegeben; an ihrer Stelle kann man sich an allgemeinen und speziellen Hinweisen orientieren:

Mit ihrem besonderen Gegenstand sind gerade die Probleme verbunden, deren Lösung in einer bestimmten Wissenschaft angestrebt wird[254]. Der Gegenstand bestimmt insoweit also den Bereich der relevanten Probleme. Er legt das „Forschungsgebiet" fest, das einer wissenschaftlichen Disziplin „vorbehalten(-)" ist[255]; er ist das „Phänomen(-) ihrer Erkenntnis"[256]. Im Fall der Versicherungswissenschaft ist er die „Materie Versicherung"[257], der „Tatbestand Versicherung"[258], das „Phänomen Versicherung"[259].

Diese Umschreibungen würden nun völlig genügen, wenn es darum ginge, den Gegenstand einer dafür hinreichend bestimmten Versicherungswissenschaft[260] empirisch zu ermitteln. In diesem Sinne würde die Frage etwa lauten: Womit beschäftigt sich die Versicherungswissenschaft tatsächlich? Ist das aber die Frage, die dem Autor am Herzen liegt? Zunächst ist nicht auszuschließen, daß er eine bestimmte Wissenschaft — mit allen Vorbehalten — vor Augen hat und von daher ihren Gegenstand ansteuert[261]. Das historische Interesse am Gegenstand aber, das einer solchen empirischen Forschung entspricht, scheidet aus. Sein Anliegen ist vielmehr dies, den Gegenstand „in seiner Wesenheit und systematischen Einheit zu erkennen"[262] und im Versicherungsbegriff abzubilden[263]. Hinzukommt, daß dieser Aufgabe besonderes Gewicht

---

[253] *Lobscheid*, Zur Wissenschaft von der Vers., S. 193.
[254] Vgl. *Lobscheid*, Ansätze für eine einheitliche Verswissenschaft, S. 106, und Theoretische und angewandte Verswissenschaft, S. 414.
[255] Vgl. Lobscheid, Zur Wissenschaft von der Vers., S. 204.
[256] Vgl. *Lobscheid*, Zur Wissenschaft von der Vers., S. 105.
[257] Vgl. *Lobscheid*, Zur Wissenschaft von der Vers., S. 198.
[258] Vgl. *Lobscheid — Rohrbeck*, Entwicklung und Stand der Verswissenschaft in Deutschland, S. 195.
[259] Vgl. z. B. *Lobscheid*, Theoretische und angewandte Verswissenschaft, S. 413.
[260] Ihre Merkmale dürfen nur nicht auf den Gegenstand selbst abgestellt sein.
[261] Zu dieser Möglichkeit siehe: *Lobscheid*, Zur Wissenschaft von der Vers., S. 193; *Lobscheid — Rohrbeck*, Entwicklung und Stand der Verswissenschaft in Deutschland, S. 193 f.
[262] *Lobscheid*, Theoretische und angewandte Verswissenschaft, S. 421.
[263] Vgl. *Lobscheid*, Zur Wissenschaft von der Vers., S. 194.

zufallen soll, da sie der Forschung den Weg bahnt. Die Versicherungswissenschaft hat also mit der Bestimmung des Versicherungsbegriffs zu beginnen[264].

Unter diesen Umständen ist festzustellen, daß das vorrangige Anliegen dieser Wissenschaft (zunächst) reichlich verschwommen bleibt. Man begibt sich geradezu auf die Suche nach einem Gegenstand, den man nicht kennt (ein Phänomen mit dem Namen Versicherung) und von dem man bis hierhin nicht weiß, wie man ihn findet (Erkenntnis seines Wesens). Der Erfolg wird darum davon abhängen, wie weit der Gegenstand selbst oder das Verfahren seiner Ermittlung im folgenden noch präzisiert wird.

22.11.3 Die Perspektiven des Begriffs

Die Fragen und Probleme, die irgendeinen Gegenstand betreffen, hängen jeweils von den Standpunkten der Betrachter ab. Ihre unterschiedlichen Positionen führen im allgemeinen dazu, daß jeweils verschiedene Merkmale am Gegenstand betont und für „wesentlich" gehalten werden[265]. Insoweit muß man die Perspektiven der Versicherungswissenschaft kennen und berücksichtigen, wenn man eine zutreffende oder „umfassende" Begriffsbestimmung anstrebt.

In diesem Punkte scheint *Hans Gert Lobscheid* zunächst empirisch vorzugehen und zu fragen, welche Blickrichtungen den Fragestellungen der Versicherungswissenschaft zugrunde liegen. Er kommt zu dem Ergebnis, daß es die Perspektiven zahlreicher, „selbständiger" Disziplinen sind, so der Wirtschaftswissenschaft, der Rechtswissenschaft, der Mathematik und der Medizin[266]; sie werden in der Versicherungswissenschaft im Stile einer „Arbeitsgemeinschaft"[267] zu einer „Gesamtschau"[268] vereinigt. Demgemäß müssen die Belange aller beteiligten Richtungen bei der Analyse des Gegenstandes zur Geltung kommen.

Darüber hinaus wird die Rangordnung der Perspektiven zur Debatte gestellt. Diesmal soll das Problem „erkenntnistheoretisch"[269] gelöst werden. Das Ergebnis des Autors besteht zunächst darin, daß die allgemeine Fragestellung immer (!) wirtschaftswissenschaftlich sei[270]. Diese Ansicht wird darauf gestützt, daß „der Versicherung ... grund-

---

[264] Vgl. *Lobscheid,* Zur Wissenschaft von der Vers., S. 196.

[265] Vgl. *Lobscheid,* Vers. als Begriff, S. 58, und Vers. meint Sicherheit, S. 280.

[266] *Lobscheid,* Zur Wissenschaft von der Vers., S. 201 f.

[267] *Lobscheid,* Zur Wissenschaft von der Vers., S. 205.

[268] *Lobscheid,* Theoretische und angewandte Verswissenschaft, S. 442.

[269] Vgl. *Lobscheid,* Zur Wissenschaft von der Vers., S. 200; *Lobscheid — Rohrbeck,* Entwicklung und Stand der Verswissenschaft in Deutschland, S. 197; *Lobscheid,* Vers. in wirtschaftstheoretischer Betrachtung, S. 11.

[270] Siehe z. B. *Lobscheid,* Zur Wissenschaft von der Vers., S. 196.

sätzlich das Wirtschaften zugrunde(liege)"[271]. Ob das aber wirklich „grundsätzlich" ist, das ist die Frage und muß später erörtert werden. Es kann sich herausstellen, daß es sich dabei lediglich um *eine* erkenntnistheoretische Position handelt, die mit anderen konkurriert und daher nicht ohne weiteres zu akzeptieren ist. Die Häufigkeit, mit der der wirtschaftswissenschaftliche Primat behauptet wird[272], darf daher nicht beeindrucken. Weiterhin ist zu erfahren, daß dieser bevorzugte Standpunkt aber nicht ausreiche, so daß sich auch andere Wissenschaften des Versicherungsproblems annehmen und ihre Aspekte beitragen. Und das liege an ihrer Bedeutung für die „Gestaltung eines Versicherungsschutzes"[273].

22.11.4 Die „Betrachtungsweisen" des Phänomens

Selbst bei einheitlicher Perspektive können es verschiedene Merkmale sein, die den Versicherungsbegriff kennzeichnen. Welche jeweils maßgebend sind, ist eine Frage der Betrachtungsweise. *Hans Gert Lobscheid* führt das am Beispiel der Wirtschaftswissenschaften vor und unterscheidet hier eine idealtypische und eine realtypische Betrachtung des Phänomens Versicherung. Ihr Unterschied und ihr Gegensatz werden als bekannt vorausgesetzt und sind fast nur im Ergebnis greifbar.

Im Rahmen der idealtypischen Überlegungen werden die Merkmale, die sich „aus der Summe" (!) wirtschaftswissenschaftlicher Definitionen ergeben, ohne Begründung auf drei „unentbehrliche" beschränkt. Es sind jene Merkmale, die *Eugen von Philippovich* als die Elemente der Versicherung „trefflich vorgewiesen" hat[274], nämlich 1. „die Wahrscheinlichkeit, daß ein Bedarf in einem gewissen Maße eintreten wird, (2.) die Tatsache, daß eine Mehrzahl einem solchen Bedarf ausgesetzt ist, und (3.) die Ungewißheit, wen er treffen wird"[275].

Zur realistischen Betrachtung wird ausgeführt, daß der Blick nun auf bestimmte Sachverhalte der empirischen Welt gerichtet wird. Dabei stelle sich häufig heraus, daß sie nicht alle Bedingungen des idealtypischen Versicherungsbegriffs erfüllen. Damit stehe aber noch

---

[271] *Lobscheid,* Zur Wissenschaft von der Vers., S. 201.
[272] *Lobscheid,* Zur Wissenschaft von der Vers., S. 196, 200, 201, 202; *Lobscheid — Rohrbeck,* Entwicklung und Stand der Verswissenschaft in Deutschland, S. 197; *Lobscheid,* Vers. in wirtschaftstheoretischer Betrachtung, S. 11, 25; *Lobscheid,* Theoretische und angewandte Verswissenschaft, S. 443; *Lobscheid,* Vers. meint Sicherheit, S. 280.
[273] *Lobscheid,* Zur Wissenschaft von der Vers., S. 196, 199, 201 f.
[274] *Lobscheid,* Vers. in wirtschaftstheoretischer Betrachtung, S. 12 und 15.
[275] *von Philippovich,* Grundriß der Politischen Oekonomie, 1. Bd., 18. Aufl., 1923. — *Lobscheid* beruft sich auf eine Auflage aus dem Jahre 1893. Die Unterschiede sind zwar gering; die Formulierung aus dem Jahre 1923 entspricht aber eher dem Wortlaut der Definition *Lobscheids.*

nicht fest, ob ihnen der Versicherungscharakter abzusprechen sei. Denn „die Versicherungspraxis ... nähert sich ... einem Begriff an, der auf überkommene (?; e. H.) idealtypische Merkmale der Versicherung in strenger Form verzichtet". Auch dieses Ergebnis wird nicht begründet; es kann nur bedeuten, daß es noch einen anderen, realtypischen Versicherungsbegriff gibt, der im Umfange weiter ist als der vorherige. Seine Merkmale sollen allein Gefährdung und Bedarfsdeckung sein[276].

Es ist möglich, daß das Verhältnis der beiden Betrachtungen eine Parallele hat in dem Unterschied zwischen theoretischer und angewandter Versicherungswissenschaft. Die eine Disziplin strebt „eine Erkenntnis um dieser selbst willen" an und orientiert sich an einem „Denkobjekt", dessen Merkmale „das Gleichbleibende, Wiederkehrende, Regelmäßige in der Flucht der Erscheinungen verkörpern"[277]. Vielleicht ist ihr die idealtypische Betrachtung angemessen. Die andere Disziplin bemüht sich um die Lösung praktischer Probleme. Es kann sein, daß sich das Denkobjekt dabei als zu eng erweist und deshalb realtypisch erweitert wird. Das ist aber Spekulation, da der Autor einen solchen Zusammenhang nicht darlegt[278].

22.12 Der Versicherungsbegriff von Karl Hax[279]

In seinen versicherungswissenschaftlichen Arbeiten hat sich *Karl Hax* eine Zeitlang und ohne Einschränkung auf den Versicherungsbegriff von *Alfred Manes* gestützt[280]. Später hat er diesen von ihm als traditionell bezeichneten Begriff kritisiert und neu gefaßt[281]. Er ist so zu jener Definition gelangt, die der Deutsche Verein für Versicherungswissenschaft mit kleiner Korrektur spontan auf den Schild erhoben

---

[276] Zu diesem Abschnitt siehe *Lobscheid*, Vers. in wirtschaftstheoretischer Betrachtung, S. 15 ff.

[277] Diese Aussage erinnert an die zweite theoretische Aufgabe der Politischen Ökonomie im Sinne *Wagners* (vgl. Ziffer 22.02.3, S. 31 ff. dieser Arbeit).

[278] Zu diesem Abschnitt siehe *Lobscheid*, Theoretische und angewandte Verswissenschaft, S. 420 ff. und S. 425 ff. und Fußnote 17.

[279] 1962—1966.

[280] *Hax*, Die Betriebsunterbrechungsvers., 1. Aufl., 1949, S. 79 f.; Kapitalanlage-Politik der Lebensvers.-Unternehmungen im Hinblick auf das Problem der wertbeständigen Vers., 1955, S. 147 ff.; Verswesen, in: Handbuch der Wirtschaftswissenschaften, Bd. II, 1. Aufl., 1959, S. 1371 ff.; Art. Vers., 1962, Sp. 5841 ff.

[281] *Hax*, Wesen, Bedeutung und Gliederung der Vers., 1962—1964, Studienplan B I 1, S. 1 ff., (1); Grundlagen des Verswesens, 1964, S. 9 ff., (2); Grundlagen der Betriebsunterbrechungsvers., 2. Aufl., 1965, S. 76 f., (3); Verswesen, in: Handbuch der Wirtschaftswissenschaften, Bd. II, 2. Aufl., 1966, S. 468 ff., (4). — Die Veröffentlichungen (1) und (2) stimmen im Wortlaut völlig, die Veröffentlichungen (1), (2) und (4) weitgehend überein. Im Rahmen dieser Übereinstimmung wird im folgenden nur auf die Veröffentlichung (1) verwiesen.

hat[282]. Der Deutsche Verein ist dabei nicht auf die Fragen eingegangen, die in diesem Kapitel erörtert werden; sie stehen daher noch offen.

22.12.1 Die Merkmale des Begriffs

Karl Hax hat zunächst „den allgemeinen Begriff der Versicherung"[283] definiert und bietet dafür zwei Fassungen an. Die eine ist ausführlicher und lautet so: „Versicherung ist Deckung eines im einzelnen ungewissen, insgesamt aber schätzbaren Geldbedarfs auf der Grundlage eines durch Zusammenfassung einer genügend großen Anzahl von Einzelwirtschaften herbeigeführten Risikoausgleichs." Die andere, kürzere besagt: „Versicherung ist Deckung eines im einzelnen ungewissen, insgesamt aber schätzbaren Geldbedarfs auf der Grundlage eines zwischenwirtschaftlichen Risikoausgleichs[284]."

Die vorliegenden Merkmale werden von Karl Hax zwei verschiedenen Kategorien zugeordnet[285]. Soweit sie zur ersten gehören, charakterisieren sie die Versicherung als Deckung eines speziellen Bedarfs. Die anderen kennzeichnen sie als eine besondere Methode der Bedarfsdeckung und haben erhöhtes Gewicht; sie sollen den „eigentliche(n) Kern des Versicherungsbegriffs" bloßlegen[286] und die Eigenart der neuen Definition ausmachen.

Im Grunde sind die Merkmale beider Kategorien trotz sprachlicher Variation und betonter Kritik sehr eng an die Begriffserläuterung von Alfred Manes angelehnt. Die Alternativen zwischen beiden sind die folgenden[287]: 1. Deckung eines Geldbedarfs — Deckung eines Bedarfs, 2. im einzelnen ungewiß — zufällig, 3. insgesamt aber schätzbar — schätzbar, 4. eine genügend große Anzahl — zahlreich, 5. durch Zusammenfassung von Einzelwirtschaften — gegenseitig. Die sprachlichen Unterschiede dürfen nicht darüber hinwegtäuschen, daß beide Autoren die Merkmale weitgehend einheitlich deuten. Das gilt selbst für die Beschreibung der Methode der Bedarfsdeckung, bei der die Abweichung am größten zu sein scheint. Diese Übereinstimmungen sind den zitierten Quellen ohne weiteres zu entnehmen und werden hier nicht in Einzelheiten dargelegt[288].

---

[282] Vgl. Ziffer 12.03, S. 19 f. dieser Arbeit.
[283] Hax, Wesen, Bedeutung und Gliederung der Vers., Studienplan B I 1, S. 48.
[284] Hax, Wesen, Bedeutung und Gliederung der Vers., Studienplan B I 1, S. 14.
[285] Vgl. Hax, Wesen, Bedeutung und Gliederung der Vers., Studienplan B I 1, S. 6.
[286] Hax, Grundlagen der Betriebsunterbrechungsvers., 2. Aufl., S. 76.
[287] Die Formulierungen von Hax stehen vor denen von Manes.
[288] Vgl. Hax, Wesen, Bedeutung und Gliederung der Vers., Studienplan B I 1, S. 6 ff., und Manes, Verswesen, 5. Aufl., 1. Bd., S. 1 ff.; Grundzüge des Verswesens, 5. Aufl., S. 1 ff.

Andererseits bestehen jedoch materielle Unterschiede, die erheblich sind: 1. Der Begriff Versicherung wird nicht mehr durch das Merkmal der Gleichartigkeit der Risiken eingeschränkt[289]. *Karl Hax* rückt damit von jenem Merkmal ab, das *Alfred Manes* als erster entdeckt zu haben glaubte[290], und folgt insoweit den Ausführungen von *Paul Braeß*[291]. 2. Was die Schätzbarkeit[292] des Gesamtbedarfs angeht, scheint *Karl Hax* ohne besonderen Hinweis über die Auffassung von *Alfred Manes* und anderen hinauszugehen und den Versicherungsbegriff erheblich einzuengen. Als versicherbar sieht er nämlich nur solche Risiken an, „bei denen ... die Wahrscheinlichkeit des Schadenanfalles feststeht und die Höhe dieses Schadenanfalles *sicher* (e. H.) geschätzt werden kann"[293]. Aus der Konsequenz, daß damit „die Ungewißheit ... für einen ganzen Bestand ausgeschaltet ist"[293], und aus weiteren Äußerungen[294] wird man ableiten müssen, daß sichere Schätzung im Sinne exakter Vorausbestimmung zu verstehen ist. Wenn es aber zutrifft, daß „eine völlig sichere, exakte Bestimmung ... nicht möglich (ist)"[295], müßte die Klasse Versicherung, die *Karl Hax* gebildet hat, in Wirklichkeit leer sein[296].

Gegen diesen Versicherungsbegriff wendet der Urheber selbst ein, daß er auf die Sozialversicherung nicht voll zutreffe. Damit aber auch sie darunter falle, kündigt er an, „den allgemeinen Begriff der Versicherung den besonderen Zwecken (i. O. g.) der Sozialversicherung anzupassen". Das läßt einen neuen, revidierten allgemeinen Versicherungsbegriff erwarten, der aber ausgeblieben ist. Statt dessen folgt ein spezieller Begriff der Sozialversicherung. Er enthält zusätzliche Merkmale und steht neben dem allgemeinen Versicherungsbegriff; in diesem Rahmen interessiert er im einzelnen nicht.

---

[289] Vgl. *Hax*, Wesen, Bedeutung und Gliederung der Vers., Studienplan B I 1, S. 10 f.

[290] Vgl. *Manes*, Verswesen, 5. Aufl., 1. Bd., S. 7 — Das Merkmal ist im übrigen in der (älteren) Definition von *Wagner* enthalten. Siehe dazu Ziffer 22.02.1, S. 29 f. dieser Arbeit.

[291] Vgl. *Braeß*, Vers. und Risiko, S. 40 ff., und Ziffer 12.01, S. 15 ff. dieser Arbeit.

[292] Auch *Hax* spricht in der Definition nur von Schätzbarkeit und fordert in den Erläuterungen, daß auch tatsächlich geschätzt wird. Vgl. Fußnote 20 zu Ziffer 12.01, S. 16 dieser Arbeit.

[293] *Hax*, Wesen, Bedeutung und Gliederung der Vers., Studienplan B I 1, S. 19.

[294] Vgl. z. B. die Begründung des verstechnischen Risikos (*Hax*, Wesen, Bedeutung und Gliederung der Vers., Studienplan B I 1, S. 2361).

[295] *Karten*, Grundlagen eines risikogerechten Schwankungsfonds für Versunternehmen, S. 42.

[296] Siehe *Hax*, Wesen, Bedeutung und Gliederung der Vers., Studienplan B I 1, S. 42 ff.

22.12.2 Die Perspektive des Begriffs[297]

Die Definition ist das Ergebnis einer wirtschaftswissenschaftlichen Analyse. Sie ist aus Fragen hervorgegangen, die zunächst den besonderen Bedürfnissen der Versicherten und der besonderen Art des Bedarfs gelten, der durch Versicherung gedeckt wird.

Diese Perspektive ist für *Karl Hax* nicht die einzig mögliche; auch andere Fächer der Wissenschaft beschäftigen sich mit dem „Versicherungswesen". In ihrem Kreise aber habe die Wirtschaftswissenschaft einen Vorrang. Als Anhaltspunkt dafür dient die Wortverbindung Versicherungswirtschaft[298], die die Regel sei und ausdrücke, daß man die Versicherung „in erster Linie" wirtschaftlich auffasse. Erklärung und Begründung gehen darüber nicht hinaus.

22.12.3 Ziel und Geltungsgrundlage der Begriffsbestimmung

Das Ziel, das *Karl Hax* mit seinen Überlegungen zum Versicherungsbegriff verfolgt, ist nicht ausreichend klargestellt. Es liegt zwar eine Reihe von Äußerungen vor. Sie sind aber zumindest nicht alle aufeinander abgestimmt und enthalten verschiedene Gesichtspunkte, die für die Bestimmung des Begriffs maßgebend waren:

1. Wegen des vorherrschenden wirtschaftlichen Charakters der Versicherung meint *Karl Hax*, „daß es möglich sein müßte, den Begriff der Versicherung aus dem Wesen der Wirtschaft überhaupt abzuleiten"[299]. Es ist hier zumindest nicht die Rede von einem oder von dem wirtschaftswissenschaftlichen Versicherungsbegriff. Soweit die Formulierung eine Deutung zuläßt, ist sie eher *dem* allgemeinen Versicherungsbegriff angemessen, der unabhängig von einer bestimmten Disziplin ermittelt wird, wenn auch mit einer Fragestellung, die der Wirtschaftswissenschaft eigen ist. Daß der Begriff außerdem *abgeleitet* werden soll, läßt ein exaktes Verfahren vermuten, das auf strengen, logischen Regeln beruht.

2. Der gesuchte Versicherungsbegriff soll im Gegensatz zum traditionellen „der Realität des Versicherungswesens gerecht" werden und „alle Erscheinungsformen der Versicherung umfassen"[300]. Demnach soll

---

[297] Vgl. *Hax*, Wesen, Bedeutung und Gliederung der Vers., Studienplan B I 1, S. 1 f.

[298] *Hax* hat sich im übrigen nicht immer von solchen Wortverbindungen leiten lassen. Siehe z. B. die Ablehnung „der sogenannten Selbstvers." als Vers. (Wesen, Bedeutung und Gliederung der Vers., Studienplan B I 1, S. 6 f. und 39).

[299] *Hax*, Wesen, Bedeutung und Gliederung der Vers., Studienplan B I 1, S. 1.

[300] *Hax*, Wesen, Bedeutung und Gliederung der Vers., Studienplan B I 1, S. 10.

der Versicherungsbegriff auf empirische Daten ausgerichtet werden, die er zutreffend kennzeichnen oder beschreiben soll. Das setzt im Grunde aber voraus, daß die Elemente der Klasse Versicherung nicht erst durch den Versicherungsbegriff bestimmt werden, sondern unabhängig von diesem Begriff als Versicherungen bekannt sind[301]. Ob das möglich ist, wird zu prüfen sein.

3. Mindestens im strittigen Falle eines Merkmals beruft sich *Karl Hax* ohne weitere Präzisierung auf die herrschende Meinung[302]. Es fragt sich hier, ob allgemeine Auffassung und Realität des Versicherungswesens in diesem Punkte übereinstimmen.

4. In anderen strittigen Fragen dagegen scheint *Karl Hax* frei über den Umfang des Begriffs zu entscheiden. Die Sozialversicherung z. B. soll unter den Versicherungsbegriff fallen, weil er das für „zweckmäßig" hält[303]. Wer eine solche Freiheit grundsätzlich oder in Einzelfällen bejaht und praktiziert, bedarf zusätzlicher Orientierungshilfen, damit die Ergebnisse nicht vom Zufall abhängen. Der Zweck, an dem *Karl Hax* Maß nimmt, wird nicht generell geklärt. Für die Sozialversicherung führt er allerdings an, daß ihre Bezeichnung „nur dadurch ... auch für die Zukunft gerechtfertigt" werde[303]. Es ist die Frage, ob man dieses Anliegen vom wissenschaftlichen Standpunkt ernst nehmen kann.

23 Zusammenfassung

Durch die Erörterung von Details, wie sie dieses Kapitel mit sich gebracht hat, kann leicht der Überblick verlorengehen. Die bisherigen Ergebnisse sollen deshalb in groben Zügen zusammengefaßt werden.

23.01 Die Merkmale

Alle zwölf Autoren haben ihre Gedanken über den Versicherungsbegriff in einer „förmlichen" Definition *(Joseph Hupka)* zusammengefaßt, die sozusagen als der krönende Abschluß der Begriffsarbeit angesehen wird. In dieser Fassung werden die Begriffsbestimmungen in der versicherungswissenschaftlichen Literatur angeführt und häufig auch diskutiert. In dieser Hinsicht sind nun folgende Aussagen möglich:

---

[301] Dem entspricht es auch, daß *Hax* „die Stellung der Vers. im Rahmen der Wirtschaft" untersucht, bevor er den Versbegriff behandelt (Vgl. Wesen, Bedeutung und Gliederung der Vers., Studienplan B I 1, S. 1 ff.).
[302] *Hax*, Wesen, Bedeutung und Gliederung der Vers., Studienplan B I 1, S. 21.
[303] *Hax*, Wesen, Bedeutung und Gliederung der Vers., Studienplan B I 1, S. 48.

Zusammenfassung

1. Die Definitionen haben zum Teil eine gefällige Form, die insbesondere ihrer Kürze zuzuschreiben ist und ihr Verständnis erleichtern kann *(Bernhard Krosta, Alfred Manes, Hans Möller)*; andere bestehen in schwerfälligen Sätzen, deren Inhalt nur mit Mühe zu erfassen ist *(Joseph Hupka, Walter Rohrbeck* in der ersten Phase, *Walter Schmidt-Rimpler, Adolph Wagner)*. Es ist nicht auszuschließen, daß (auch) dieser Sachverhalt das Urteil über die Begriffsbestimmungen — bewußt oder unbewußt — beeinflußt hat und auch weiterhin darauf einwirkt. Eine solche Betrachtung würde aber auf ästhetischen oder didaktischen Gesichtspunkten beruhen, die für die Beurteilung der Lösungen hier nicht maßgebend sind. Ob die Formulierungen kurz oder lang, einfach oder schwierig sind, ist im Grunde unwesentlich. Es zählt allein die Summe der Merkmale, die der Autor für wichtig hält.

2. Wer auf die Definitionen der Literatur zurückgreift, kann sich nicht ohne weiteres auf diese Zusammenfassungen verlassen, wenn sie auch in jedem Falle autorisiert sind. Auf der einen Seite zeigt der Rückblick, daß die Definitionen nicht immer alle Merkmale enthalten, auf die die Verfasser Wert legen *(Emanuel Herrmann, Werner Mahr, Alfred Manes, Walter Schmidt-Rimpler, Adolph Wagner)*. Auf der anderen Seite ist selbst bei „vollständigen" Definitionen Vorsicht angebracht. Ihre Merkmale werden nämlich häufig in einem besonderen Sinne verwendet, der vom Alltagsgebrauch der Sprache abweicht (z. B. *Werner Mahr:* unabwendbar; *Alfred Manes:* zufällig). Die Aussage des vorigen Abschnittes ist daher zu ergänzen: Es zählt allein die Summe der Merkmale, und zwar in den Bedeutungen, die der jeweilige Autor festlegt.

Auf dieser Basis ist nun festzustellen, daß die zwölf Forscher, auf die ich mich beziehe, den Versicherungsbegriff verschieden definiert haben. Manche kommen sich zwar in einigen Merkmalen nahe (am auffallendsten *Alfred Manes, Paul Riebesell*, vorübergehend *Walter Rohrbeck* und *Karl Hax*); sie stimmen aber in keinem Falle völlig überein. Dieser Sachverhalt braucht allerdings nicht besonders zu überraschen. Daß sich die Wissenschaftler in der Bestimmung des Versicherungsbegriffs uneins sind, steht schon seit dem ersten Kapitel fest; für dieses zweite Kapitel sind gerade voneinander abweichende Aussagen ausgesucht worden. Hier wird darum allenfalls offenbar, *wie weit* die Ansichten auseinandergehen.

Die Merkmale der aufgeführten Definitionen sind in dieser Untersuchung im einzelnen nicht allzu kritisch betrachtet worden. Es ist insbesondere nicht generell geprüft worden, ob die formalen Unterschiede der Definitionen auch materielle Abweichungen im Umfang der Begriffe zur Folge haben. Dieser Verzicht hängt damit zusammen, daß das entscheidende Problem nicht primär in der Verschiedenheit der Merkmale zu liegen scheint. Trotzdem haben sich fast beiläufig einige Mängel verschiedener Art ergeben, die nach der Klärung grundlegender Fragen ebenfalls wichtig werden können:

1. In der Definition von *Karl Hax* z. B. verhindert das Merkmal schätzbar durch seine besondere Interpretation möglicherweise, daß die Begriffsbestimmung auf empirische Sachverhalte zutrifft.
2. In dieser und in anderen Definitionen bleiben Merkmale so unbestimmt, daß ihr Vorliegen im konkreten Fall nicht sicher entschieden werden kann *(Karl Hax:* eine genügend große Zahl; *Bernhard Krosta:* Risiken, Ausgleich des Gefahrengrades; *Werner Mahr:* unabwendbar; *Alfred Manes:* zahlreich; *Hans Möller:* gleichartig, Selbständigkeit des Rechtsanspruchs; *Paul Riebesell:* mit dem geringsten Aufwand an Mitteln, nach Maßgabe der getragenen Gefahr).

23.02 Die Ziele

Daß sich die Autoren, die hier zu Wort gekommen sind, mit dem Begriff oder dem Wesen der Versicherung beschäftigen, steht wieder von Anfang an fest. Es wäre dennoch fahrlässig, das Ziel ihrer Forschung damit als ausreichend geklärt anzusehen.

Zunächst einmal fällt auf, daß die Autoren ihr Anliegen keineswegs einheitlich bezeichnen. Die Wirtschaftswissenschaftler unter ihnen haben entweder den wirtschaftlichen Begriff Versicherung vor Augen (z. B. *Bernhard Krosta* und *Adolph Wagner*) oder spezieller die Versicherung im volkswirtschaftlichen Sinne *(Walter Rohrbeck* in der ersten Phase). Die Juristen suchen entweder die Versicherung im Rechtssinne *(Hans Möller)* oder den Versicherungsbegriff des Versicherungsvertragsgesetzes *(Walter Schmidt-Rimpler)* oder eine Unterscheidung der Versicherungsverträge von reinen Wagnisgeschäften *(Joseph Hupka)*. Prima facie läßt sich daher weder für die Autoren in ihrer Gesamtheit noch für die einer Fakultät sagen, daß sie dieselbe Aufgabe verfolgen. Damit liegt die Frage nahe, ob und wie verschieden die Ziele der einzelnen Forscher sind.

Kaum sind aber die Unterschiede zutage getreten, da verblassen sie schon wieder. Während nämlich die Diskrepanz der Merkmale jedesmal in nicht zu übersehender Weise herausgestellt wird, distanziert sich nicht ein Forscher ausdrücklich von dem Ziel eines anderen. Das ist immerhin seltsam und könnte leicht zu dem Schluß (ver)führen, daß sie doch dasselbe Ziel haben oder daß ihre verschiedenen Ziele miteinander verträglich sind, d. h. durch dasselbe Ergebnis erreichbar. In dieser Hinsicht hat die voraufgegangene Analyse nun aber einen Gegensatz aufgedeckt, über den die Forscher selbst stillschweigend hinweggehen und der sich in der folgenden Weise aufhellen läßt:

Eine große Mehrheit benutzt zur Umschreibung ihres Problems Ausdrücke wie diese: „Erkenntniß des Wesens der Versicherung" *(Emanuel Herrmann);* „Erkenntnis des Grundgedankens der Versicherung" und „Feststellung der wirklich allgemeinen Versicherungsidee" *(Joseph Hupka);* das „Phänomen Versicherung" „in seiner Wesenheit und systematischen Einheit ... erkennen" *(Hans Gert Lobscheid);* „die (abstrakte) Natur" und „das (einheitliche) Wesen der Versicherung ... erkennen" *(Walter Rohrbeck).* Diese Äußerungen über das Ziel sind zwar ziemlich vage und lassen nur wenig Raum für eine klarstellende Interpretation. Es läßt sich dennoch folgendes vertreten:

1. Die Autoren suchen *den* einen oder allgemeinen Versicherungsbegriff und nicht *einen* (von mehreren) irgendwie bestimmten. — Einige bestätigen das ganz wörtlich *(Joseph Hupka, Karl Hax),* bei den anderen steht es ebenfalls außer Zweifel. Offensichtlich bedeutet es dabei kein Hindernis, daß sie für ihre Überlegungen fast alle einseitig eine bestimmte Perspektive betonen oder bevorzugen, z. B. die wirtschaftswissenschaftliche oder die rechtswissenschaftliche. Die meisten lehnen die übrigen Perspektiven insoweit entweder ausdrücklich *(Alfred Manes)* oder stillschweigend ab (z. B. *Werner Mahr* und *Adolph Wagner);* andere räumen ihnen allenfalls eine untergeordnete Beteiligung ein *(Hans Gert Lobscheid* und *Walter Rohrbeck).*

2. Was das Gesuchte auch immer sein mag, es ist irgendwie vorhanden und muß durch die wissenschaftliche Forschung entdeckt und mitgeteilt werden. — Für diesen Sachverhalt ist zweierlei aufschlußreich: Der zunächst unbekannte Versicherungsbegriff wird nicht etwa vom Forscher selbst gebildet, sondern nur *bestimmt,* d. h. hier erklärt oder erläutert (besonders eingehend *Alfred Manes).* Und im Streitfalle macht der Fachmann den Versicherungscharakter eines Gegenstandes nicht von einer Begriffsbestimmung abhängig, die ja falsch sein kann, sondern von seiner Einsicht (besonders deutlich *Bernhard Krosta* und *Alfred Manes).*

Dieser Mehrheit steht *Walter Schmidt-Rimpler* für eine lange Zeit als Außenseiter gegenüber. Als er sich in die Diskussion einschaltete (1931), hat er zu allererst sein Ziel klar und eindeutig dargelegt: Es ging ihm *nur* um den Versicherungsbegriff des Versicherungsvertragsgesetzes. Mit seiner Definition wollte er alle und nur jene Sachverhalte festlegen, auf die das Gesetz anzuwenden ist. Er hat sich dabei (nur) am Versicherungsvertragsgesetz orientiert und einen Versicherungsbegriff *gebildet,* der dem Gesetz gemäß ist. Erst in jüngster Zeit (1963) hat er die Vermutung ausgesprochen, daß sein Ergebnis über diesen Rahmen hinaus von Belang sei.

23.03 Die Richtigkeitsgründe

Sämtliche Verfasser bestehen auf der Wahrheit bzw. Richtigkeit der Definition, die sie vertreten. Sie erheben diesen Anspruch, indem sie ihr Resultat positiv auszeichnen (z. B. *Emanuel Herrmann,* der es „in gewisser Beziehung [als] wirklich wissenschaftlich richtig und wahr" ansieht) oder indem sie die Ergebnisse anderer als Häresien hinstellen (z. B. *Paul Riebesell,* der ihnen entgegenhält, „das eigentlich Typische der Versicherung" zu verfehlen). Diese Kritik ist noch in anderer Hinsicht hervorzuheben: Kein Forscher arbeitet völlig isoliert; sie treten vielmehr alle gegen Fachgenossen auf, deren Ansichten sie mindestens zum Teil verwerfen (z. B. *Adolph Wagner* gegen *Ludwig Elster* oder *Alfred Manes* gegen *Franz Helpenstein* u. a.). Damit ist die Frage nach den Richtigkeitsgründen ausreichend legitimiert. In dieser Hinsicht findet man Unterstützung bei *Werner Leinfellner,* der es als „Redlichkeit der wissenschaftlichen Methode" ansieht, seine Beweise offen anzubieten[304].

Trotzdem bleibt die Antwort insgesamt hinter den Erwartungen zurück. Es sieht so aus, als ob die Suche nach einer Begründung weitgehend auf unfruchtbaren Boden gefallen sei. Man erinnere sich z. B., wie viele Anhaltspunkte im Falle von *Alfred Manes* aufgegriffen wurden, wie viele Anläufe hoffnungsvoll begonnen wurden. Hier und da waren es Versuche in vielerlei Richtungen, von denen manche gescheitert und andere noch in der Schwebe sind. Pauschal ist folgendes Urteil möglich:

1. Die Beweisführung spielt in der bisherigen Diskussion keineswegs die wichtige und zwingende Rolle, die sie dabei haben muß. Sie ist in den meisten Fällen mehr oder weniger unvollständig oder gar nicht vorhanden.

2. Die Richtigkeitsgründe, die dennoch ausgeführt oder angedeutet werden, sind verschieden und zumindest nicht ohne weiteres auf einen Nenner zu bringen. Zu den Unterschieden und den Konsequenzen, die sich daraus möglicherweise ergeben, wird von den Autoren nicht Stellung genommen.

Welche Richtigeitsgründe kommen nun bei einzelnen Autoren vor? Welche Überlegungen stehen bei ihnen wenigstens im Zusammenhang mit der gesuchten Beweisführung?

---

[304] *Leinfellner,* Die Entstehung der Theorie, S. 10.

Zusammenfassung

1. Was *Hans Möller* im Jahre 1962 zur Grundlage der Begriffe ausführt, enthält implizit einen Richtigkeitsgrund. Der Forscher soll die Freiheit haben, Begriffe so zu bilden, wie er sie für die Zwecke seiner wissenschaftlichen Arbeit braucht. Auf dieser Basis sind Begriffe immer dann richtig, wenn sie dem speziellen Zweck des Forschers genügen. Das ist ohne Zweifel ein klarer Maßstab, mit dem man an die zahlreichen Versicherungsbegriffe herangehen kann, soweit man ein hinreichend bestimmtes Ziel hat. Wir wissen im übrigen, daß dieses Kriterium für die Begriffsarbeit von *Hans Möller* nicht den Ausschlag gegeben hat.

2. Zwei Autoren beschreiben ausführlich und allgemein die Verfahren, mit denen sie ihre Begriffsbestimmungen erlangt haben. Bei *Adolph Wagner* ist es die sogenannte Methode der Politischen Ökonomie, bei *Walter Schmidt-Rimpler* die sogenannte Methode der Rechtswissenschaft. Die einzelnen Schritte sind in dieser Arbeit in knapper Form mitgeteilt worden. In welchem Verhältnis stehen diese Methoden nun zum Richtigkeitsgrund? Wenn die Ergebnisse wissenschaftlicher Arbeit auf bestimmte Verfahren zurückzuführen sind, dann hängt die Güte der Ergebnisse vom Wert dieser Verfahren ab. Wer seine Methode offen vorweist, macht sie damit dem Urteil des Lesers zugänglich und legt dadurch mittelbar seinen Richtigkeitsgrund dar.

3. Wenn man die Methoden unter diesem Aspekt sieht, tritt eine Fülle von Hinweisen und Fragmenten in den Vordergrund, die in diesem Rückblick enthalten sind. Da sie für eine Auswertung allerdings zu dürftig sind, mögen die folgenden Beispiele genügen: *Joseph Hupka* beruft sich auf eine „Untersuchungsmethode", deren Etappen er skizzenhaft erläutert. Bei *Werner Mahr* und *Hans Gert Lobscheid* klingen Verfahren bzw. Betrachtungsweisen an, die für die Ideal- und für die Realwissenschaften verschieden sein sollen. Sie werden aber weder in ihren Grundzügen noch in ihrer Auswirkung für die eigene Begriffsforschung erläutert und bleiben daher weitgehend undurchsichtig.

4. Es liegen weitere Argumente vor, die im Gefolge eines bestimmten wissenschaftlichen Verfahrens auftreten und von daher im nächsten Kapitel interessant werden. An dieser Stelle läßt sich noch nichts mit ihnen anfangen.

„Daß das Einschlagen von Produktionsumwegen zu größeren Produktionserfolgen führt, ist einer der wichtigsten und grundlegendsten Sätze der gesamten Produktionstheorie."
(*Eugen von Böhm-Bawerk*, Kapital und Kapitalzins)

3 Das Wesen der Versicherung im Lichte wissenschaftlicher Methoden

31 Die Rolle wissenschaftlicher Methoden

31.01 Die Hoffnung auf die Methodologie

Im Jahre 1966 hat *Hans Gert Lobscheid* gefragt, ob die weitere Erörterung des Versicherungsbegriffs „wesentlich Neues" ergeben werde[1]. Diese Frage wird durch die beiden voraufgegangenen Kapitel verständlich: In dem langen Zeitraum, den sie betreffen, ist der Streit um den Versicherungsbegriff nicht abgeklungen, und auch die jüngsten Beiträge deuten nicht auf ein glückliches Ende für die Zukunft hin. Deshalb stehen wir vor der Alternative, mit positiven Erwartungen weiterzuarbeiten oder die Unmöglichkeit der Lösung stichhaltig zu begründen. Ich entscheide mich für das erste Argument: Die zweite Aufgabe dieser Arbeit soll nun in Überlegungen bestehen, wie man über den bisherigen Stand der versicherungswissenschaftlichen Begriffsforschung hinausgelangen kann.

Bevor die Arbeit fortgesetzt wird, ist aber zu überlegen, wie sich weitere Versuche aussichtsreicher gestalten lassen als bisher. Wenn man dabei an die Gesichtspunkte anknüpft, die die Analyse des zweiten Kapitels bestimmt haben, ergeben sich folgende Anhaltspunkte:

Keinen Fortschritt in dieser Hinsicht verspricht die bisherige Übung, ohne weiteres über die *Merkmale* selbst zu befinden, sei es nun, daß man vorliegende Definitionen kritisiert oder neue aufstellt. Soweit es um den Begriffsstreit geht, ist die Wahl der Merkmale eine Frage dritten Ranges. Zwei andere Fragen gehen ihr sachlich voraus, nämlich 1. die nach dem Ziel und 2. die nach dem Richtigkeitsgrund.

---

[1] *Lobscheid*, Vers. meint Sicherheit, S. 280.

Schon durch eine Besinnung auf das *Ziel* oder die Ziele der Begriffsarbeit kann die Diskussion um den Versicherungsbegriff ergiebiger werden. Grundsätzlich wird man dem Wissenschaftler die Freiheit zugestehen, das Problem seiner Forschung selbst auszusuchen. Mit dieser Freiheit hängt es aber zusammen, daß das Ziel hinreichend zu bestimmen ist. Und darüber hinaus muß man die Möglichkeit verschiedener Ziele berücksichtigen, wenn man seine Ergebnisse anderen gegenüberstellt. Unter diesem Aspekt hat die Auseinandersetzung bis jetzt Schwächen, die einer Lösung entgegenstehen. Man muß sie überwinden, damit man sich den Kopf nicht über Unterschiede zerbricht, die künstlich erzeugt worden sind.

Die entscheidende Voraussetzung aber, ohne die die Kontroverse um den Versicherungsbegriff nicht lösbar ist, besteht in der Klärung des *Richtigkeitsgrundes*. Solange die Forscher kein Kriterium vorweisen, an dem die Richtigkeit des Versicherungsbegriffs geprüft werden kann, sind ihre Äußerungen in bestimmter Hinsicht belanglos. Insoweit hat der Rückblick viel Leerlauf gezeigt und nur zwei Rechtfertigungen erkennen lassen, die man als Beweisführung ansehen kann. In beiden Fällen werden die Ergebnisse durch die Verfahren begründet, aus denen sie hervorgegangen sind. Aber auch die meisten anderen Autoren deuten in irgendeiner — wenn auch unzulänglichen — Form an, daß für ihre Überlegungen bestimmte Verfahren maßgebend sind. Unter diesen Umständen liegt es nahe, den Methoden nachzugehen, die zu wissenschaftlicher Erkenntnis führen. Diese Methoden sind selbst Gegenstand einer Wissenschaft, nämlich der Methodologie oder Erkenntnislehre[2]. Ich setze meine Hoffnung daher auf die Methodologie, auf die ich im folgenden zurückgreife. Das Problem dieser Arbeit wird damit keineswegs aus den Augen verloren. Im Gegenteil: Wenn das Problem überhaupt zu lösen oder wenigstens zu klären ist, bietet sich kein anderer Weg dafür an als gerade dieser[3].

31.02 Das Suspekte methodologischer Überlegungen

Der geplante Rückgriff auf die Methodologie steht allerdings nicht im Einklang mit der Einstellung, die bei den Vertretern der Wirtschafts- und Sozialwissenschaften unserer Zeit vorherrscht. Zwar haben sich ihre Vorgänger früher häufig mit Erkenntnisverfahren befaßt[4] und

---

[2] Weitere Bezeichnungen siehe bei *Albert*, Probleme der Wissenschaftslehre in der Sozialforschung, S. 38, und Probleme der Theoriebildung, S. 4, Fußnote 3.
[3] Vgl. *Feyerabend*, Das Problem der Existenz theoretischer Entitäten, S. 36 f. und 41, und *Albert*, Probleme der Theoriebildung, S. 3 f.
[4] Für die Volkswirtschaftslehre siehe die „Geschichte der Methodologie" in *v. Beckerath, Kloten, Kuhn*, Wirtschaftswissenschaft: Methodenlehre, S. 288 ff.; für die Betriebswirtschaftslehre siehe die Zusammenstellung bei *Moxter*, Methodologische Grundfragen der Betriebswirtschaftslehre, S. 11 ff.

deswegen gelegentlich heftig befehdet[5]. Das Interesse an diesen Fragen verläuft aber nicht stetig. Auch heute erscheinen einzelne Abhandlungen im Sinne einer speziellen Methodologie etwa der Betriebswirtschaftslehre[6]. Das kann aber nicht darüber hinwegtäuschen, daß derartige Überlegungen zur Zeit innerhalb unserer Disziplin nicht geschätzt werden[7]. Die Skala der negativen Einstellung reicht von Desinteresse bis Verachtung. Das läßt sich in der folgenden Weise belegen:

1. Die Vertreter unseres Fachs gehen meistens stillschweigend oder flüchtig über die methodische Grundlage ihrer Wissenschaft hinweg. Das ist nicht nur in der versicherungswissenschaftlichen Literatur der Fall, sondern gilt auch für die Mehrzahl der betriebs- und volkswirtschaftlichen Lehrbücher.

2. Angesehene Gelehrte warnen in unmißverständlicher Form vor der Beschäftigung mit der Erkenntnislehre. *Walter Eucken* z. B. diskriminiert den Weg, den ich vorhabe, durch zahlreiche Äußerungen. Am deutlichsten ist die, daß es eine „schädliche und unverzeihliche Vermischung von Problemstellungen und damit von Wissenschaften (sei), wenn wir die Frage des Philosophen aufwerfen"[8]. Und *Erich Schneider* bekräftigt deutlich die fast listige Behauptung von *Carl Menger*, daß „die wichtigsten wissenschaftlichen Ergebnisse ... von Männern ausgegangen (sind), welche methodischen Untersuchungen fern standen, während die größten Methodiker sich nicht selten als höchst unfruchtbare Forscher auf dem Gebiete jener Wissenschaften erwiesen haben, deren Erkenntniswege sie mit imponirender Klarheit zu weisen vermochten"[9].

---

[5] Siehe z. B. den sogenannten Methodenstreit der Volkswirtschaftslehre zwischen *Schmoller* und *Menger* (*Schneider*, Einführung in die Wirtschaftstheorie, IV. Teil, 1. Bd., S. 301 ff.) und die Auseinandersetzung in der Betriebswirtschaftslehre zwischen *Gutenberg* und *Mellerowicz* (*Mellerowicz*: Eine neue Richtung in der Betriebswirtschaftslehre?; Betriebswirtschaftslehre am Scheidewege?; Kostenkurven und Ertragsgesetz; Idealtypische und realtypische Betrachtungsweise in der Betriebswirtschaftslehre; „Der Absatz". *Gutenberg*, Zum „Methodenstreit").

[6] z. B. *Moxter*, Methodologische Grundfragen der Betriebswirtschaftslehre, 1957 und *Wöhe*, Methodologische Grundprobleme der Betriebswirtschaftslehre, 1959.

[7] Vgl. *Albert*, Probleme der Theoriebildung, S. 3.

[8] *Eucken*, Die Grundlagen der Nationalökonomie, S. 1.

[9] *Schneider*, Einführung in die Wirtschaftstheorie, IV. Teil, 1. Bd., S. 302. — Das Listige dieser Behauptung steckt in ihrer Mehrdeutigkeit. In der Bedeutung, die dem Wortlaut entspricht, betrifft sie empirische Verhältnisse der Vergangenheit. In einer anderen Bedeutung, die durch den Zusammenhang gewirkt wird, besagt sie generell, daß methodologische Überlegungen den Einzelwissenschaften nicht nützen (Diesen Sinn meine ich mit dem Zitat). Es handelt sich also um zwei verschiedene Aussagen, von denen die erste richtig sein kann und die zweite davon unabhängig von Methodologen bestritten wird (siehe die Fußnote 3 auf S. 87).

Was ist nun von dieser Barriere zu halten, die zwischen unserem Fach als Einzelwissenschaft und der Erkenntnislehre errichtet wird? Zunächst dies: Weder das Schweigen der einen noch die Einwände der anderen sind stichhaltige Argumente gegen meinen Plan. Und weiter: Der Grund für die Einbeziehung der Methodologie liegt in ihrer Leistung für die Lösung des sachlichen Problems, das hier in der Definition des Versicherungsbegriffs besteht. Und diese Leistung muß erst einmal abgewartet werden.

31.03 Das Unentrinnbare bei den Methoden

Ehe man nun die Richtigkeitsgründe wissenschaftlicher Aussagen in Methoden zu fassen versucht, bleibt zu überlegen, wie weit diese Methoden reichen. Es ist die Frage, ob wissenschaftliche Erkenntnis immer mit Methoden einhergeht oder auch davon unabhängig sein kann. Wäre es z. B. schlüssig, wenn die Urheber von Versicherungsbegriffen den Zusammenhang ihrer Definitionen mit derartigen Verfahren von sich weisen würden? Mit dieser Frage steht also zur Debatte, ob die Methodologie überhaupt für eine generelle Lösung des Problems in Betracht kommt.

Wenn man Wissenschaftstheoretiker befragt, fällt die Antwort eindeutig aus. *Hans Albert* z. B. meint, daß die Forscher durch ihr Desinteresse an der Erkenntnislehre nicht dagegen gefeit sind, „eine methodologische Konzeption zu haben und zu praktizieren"[10]. Für *Innocenti M. Bocheński* ist *jede* Wissenschaft methodisch aufgebaut[11]. Und *John Dewey* legt sich darauf fest, daß Erkenntnis und Methode nur in Verbindung miteinander vorhanden sind[12]. In diesem Sinne läßt sich ein Wort von *Karl Jaspers* abwandeln und sagen: „Der Methodologie ist nicht zu entrinnen[13]."

Das Fragwürdige an diesen Urteilen löst sich auf, wenn man folgendes bedenkt: Sie beruhen nicht auf der Einsicht, daß alle Forscher bei ihrer Arbeit tatsächlich methodisch vorgehen, was sich empirisch nachprüfen ließe. Sie resultieren vielmehr aus einer (willkürlichen) Definition des Begriffs wissenschaftliche Erkenntnis. Der Begriff ist in diesem Falle nicht primär auf die Eigenschaft wahr bzw. richtig einer Aussage abgestellt, sondern entscheidend darauf, ob sich diese Beschaffenheit durch allgemeine Verfahren feststellen läßt[14]. Daß diese Abgrenzung

---

[10] *Albert*, Probleme der Theoriebildung, S. 5.
[11] *Bocheński*, Die zeitgenössischen Denkmethoden, S. 20.
[12] *Dewey*, Unity of Science as a Social Problem, S. 29.
[13] *Jaspers*, Einführung in die Philosophie, S. 10: „Der Philosophie ist nicht zu entrinnen."
[14] Siehe *Kraft*, Erkenntnislehre, S. 181 ff. und 23 ff., und Geschichtsforschung als strenge Wissenschaft, S. 81.

sinnvoll ist, hat der Streit um den Versicherungsbegriff mustergültig demonstriert.

Es bleibt also dabei, daß Erkenntnis Methode voraussetzt. Wer das nicht akzeptieren will und konsequent ist, scheidet damit aus diesem Spiel Wissenschaft aus. Es steht ihm selbstverständlich frei, wissenschaftliche Erkenntnis anders zu definieren und damit in ein anderes Spiel Wissenschaft einzutreten.

31.04 Das Problem der Methodologie

Wer nun von der Methodologie sicheren Grund für seine Forschung erwartet und darum nach ihren Ergebnissen greift, steht vor einem neuen Problem: Das Angebot an Methoden ist groß, ihre Geltungsansprüche schließen einander aus, und eine Einigung ist nicht in Sicht[15]. Der einzelwissenschaftliche Streit um den Versicherungsbegriff hat hier seine philosophische Parallele und mindestens zum Teil auch seine tiefere Ursache. Zwar hat *Viktor Kraft* im Jahre 1927 die Vielfalt und Konkurrenz der Methoden als „die Züge des alten Bildes" von der Erkenntnistheorie gewertet[16], aber auch das neue Bild des Jahres 1965 scheint davon nicht abzuweichen: Der Titel des Buches, in dem *Innocenti M. Bocheński* über den heutigen Stand der Erkenntnistheorie referiert, lautet — im Plural — „Die zeitgenössischen Denkmethoden".

Der Berichterstatter[17] gliedert die heute vorherrschenden Methoden danach, ob sie dem direkten oder dem indirekten Erkennen zuzurechnen sind. Direktes Erkennen bedeutet ihm dabei, das Ergebnis allein aus dem sinnlichen oder geistigen Anschauen des problematischen Sachverhaltes zu gewinnen. Unter den Verfahren (Mehrzahl), die zu diesem Zweck entwickelt wurden, soll sich die phänomenologische Methode besonderer Beliebtheit und zunehmender Anerkennung erfreuen. Beim indirekten Erkennen werden die Ergebnisse im Wege des Schließens von anderen Sachverhalten auf den problematischen erreicht. Hierfür sollen in der letzten Zeit drei Verfahren ausgearbeitet worden sein, nämlich die Sprachanalyse, die deduktive Methode und die reduktive Methode.

Diese Beispiele stehen für viele. Sie weisen hin auf die Mannigfaltigkeit der Methoden, die diskutiert werden, und belegen das Dilemma, in dem sich die Methodologie weiterhin befindet. *Innocenti M. Bocheński* hat die Verfahren seiner Wahl zwar betont behutsam vorgeführt und jeden Konflikt zwischen ihnen vermieden; er erwähnt dennoch die

---

[15] Vgl. *Kraft*, Die Grundformen der wissenschaftlichen Methoden, S. 3, und *Jaspers*, Einführung in die Philosophie, S. 17.
[16] *Kraft*, Die Grundformen der wissenschaftlichen Methoden, S. 3.
[17] *Bocheński*, Die zeitgenössischen Denkmethoden, S. 14 f. und 20 f.

tiefe Spaltung, die zwischen ihren Anhängern besteht[18]. Wegen der Auseinandersetzungen, die sie sich liefern, hat *Werner Leinfellner* „fast" den Satz gewagt, „die Götter hätten den Menschen Denken und Erkennen (besser) nicht beigebracht"[19].

Damit steht also fest, daß die legitime Erkenntnisweise nicht als unangreifbares Ergebnis vorliegt, sondern selbst problematisch ist. Der Zustand der Methodologie erschwert daher den Fortschritt, der grundsätzlich von ihr zu erwarten ist; aber er stellt sich nicht prinzipiell dagegen. Man muß mit dieser Schwierigkeit fertig werden. Ein fundiertes Urteil zum Begriffsstreit in der Versicherungswissenschaft führt nicht daran vorbei.

31.05 Die Entscheidung für eine Methode

Wie aber kann man das Dilemma der Methodologie überwinden, ohne selbst in „den traurigen Zustand" zu verfallen, „den man philosophische Diskussion nennt"[20]?

Die Gelehrten haben den Stein der Weisen schon gefunden und propagieren seinen Wert. Das Verdienst kommt einer Gruppe von Wissenschaftstheoretikern zu, deren Ansichten in der Literatur als logischer Positivismus und als kritischer Rationalismus bezeichnet werden. Ihr gehören als Vertreter in Beispielen an: *Hans Albert* (Deutschland), *Rudolf Carnap* (USA), *Victor Kraft* (Österreich), *Karl R. Popper* (Großbritannien)[21].

Aus diesem Kreise wird die traditionelle Erkenntnislehre seit etwa 40 Jahren kritisiert, weil das Ziel, das sie anstrebt, mit einem wesentlichen Mangel behaftet ist[22]. Dieses Ziel wird über die Verschiedenheit ihrer Schulen und Richtungen hinweg darin gesehen, die Aussagen der Einzelwissenschaften als *absolut* wahr oder richtig nachzuweisen. Hinter dieser Aufgabe steht die Frage, ob wir überhaupt in diesem Sinne erkennen können, d. h. objektive Aussagen aufstellen, die allgemein verbindlich und unumstößlich sind. Wenn die Antwort der Erkenntnislehre erheblich sein soll, muß sie der früheren Definition wissenschaftlicher Erkenntnis genügen[23]. Mit anderen Worten: Der Erkenntnislehre kann nicht erlassen werden, was den Einzelwissenschaften auferlegt wird; auch sie muß ihre Lehren methodisch rechtfertigen. Und für diese Methoden wäre eine Erkenntnislehre höherer Stufe, eine Meta-

---
[18] *Bocheński*, Die zeitgenössischen Denkmethoden, S. 139.
[19] *Leinfellner*, Die Entstehung der Theorie, S. 20.
[20] *Popper*, Logik der Forschung, 1. Aufl., S. XIII.
[21] Vgl. *Kraft*, Der Wiener Kreis, S. 1 ff.
[22] Vgl. *Kraft*, Erkenntnislehre, S. 1 ff., und Die Grundformen der wissenschaftlichen Methoden, S. 3 ff.
[23] Siehe Ziffer 31.03, S. 89 f. dieser Arbeit.

Erkenntnislehre, zuständig, die selbst nur Glied einer unendlichen Kette ist. Wir stehen also am Anfang eines unendlichen Regresses, der nicht lösbar ist[24].

Wer das einsieht (und wieder konsequent ist), wird das alte Ziel der Erkentnislehre, die Suche nach absoluter Wahrheit oder Richtigkeit, nicht länger verfolgen. Mit diesem Ziel wird er aber auch alle Methoden zurückweisen, die sich daran emporranken. Und damit sind wir ein gutes Stück weiter.

Alle anderen Ziele, die sich Wissenschaftler setzen, sind zu akzeptieren, wenn sie nicht in die frühere Unmöglichkeit einmünden. Diese Ziele liegen uns nun in bestimmter Hinsicht näher; denn die modernen Methodologen haben für sie ein Rezept bereit, mit dem man Methoden ohne Dogmatismus und ohne unendlichen Regreß erlangen kann: Die Regeln wissenschaftlicher Tätigkeit können grundsätzlich *festgesetzt* werden; aber: sie stehen im Zusammenhang mit dem jeweiligen Ziel und sollen ihm daher *adäquat* sein[25].

Die Lösung ist nun perfekt. Das Problem der Methodologie wird nicht „durch Beweise" aus der Welt geschafft, „sondern durch Entschlüsse, sowie durch den ... Nachweis, daß die getroffenen Entschlüsse realisierbar sind"[26]. Damit ist auch der Weg klar, wie man einen Richtigkeitsgrund für die Beurteilung von Versicherungsbegriffen findet: Man muß sich entscheiden für ein Ziel, das die Versicherungswissenschaft haben soll, und für eine Methode, die diesem Ziel gemäß ist. Nur der Einklang mit dieser Methode kann die Richtigkeit des Begriffs offenbaren.

31.06 Die Leistung der (modernen) Methodologie

Ich habe mich in diesem Kapitel für einen Begriff wissenschaftlicher Erkenntnis entschieden, der einer kritischen Einstellung zu allen Aussagen entspricht, für die Geltung beansprucht wird. Die Aussagen — z. B. die Definitionen des Begriffs Versicherung — sollen nicht darum an- oder hingenommen werden, weil sie möglicherweise absolut wahr oder richtig sind; sie sollen vielmehr in Frage stehen, solange ihre

---

[24] Das Problem wird deutlich an der „Wissenschaftslehre" von *Hessen*. Dieser bekennt sich dazu, daß seine Philosophie Wissenschaft sein soll. Die Wissenschaftslehre müsse daher mit einer „Philosophie der Philosophie" beginnen. Das genügt ihm; er geht nicht weiter zurück. Seine Philosophie der Philosophie ist also keine Wissenschaft mehr (*Hessen*, Lehrbuch der Philosophie, 1964, S. 15).

[25] Siehe *Albert*, Theorie und Prognose in den Sozialwissenschaften, S. 126, und Wertfreiheit als methodisches Prinzip, S. 187.

[26] *Feyerabend*, Das Problem der Existenz theoretischer Entitäten, S. 65. Vgl. auch *Austeda*, Zur Eigenart und Typik der philosophischen Begriffsbildung, S. 75.

Geltung nicht in objektiver, d. h. in allgemein überprüfbarer Form nachgewiesen ist. Die Kritik ist damit ein wesentlicher Bestandteil wissenschaftlicher Betätigung.

Was leistet nun die Methodologie für diese Kritik und damit für die einzelwissenschaftliche Arbeit? Die modernen Wissenschaftstheoretiker behaupten nicht, daß von ihrer Kenntnis die Ideen zu erwarten sind, die sich der Kritik stellen müssen; insoweit kann man also *Erich Schneider* und *Carl Menger* durchaus zustimmen. Die Methodologie ist aber grundlegend für eine sinnvolle Kritik, indem sie dafür die Ansätze, die Maßstäbe und die Grenzen aufdeckt. In den bisherigen Überlegungen sind schon einige feste Positionen gewonnen worden, die das im einzelnen deutlich machen:

1. Die (relative) Geltung einer wissenschaftlichen Aussage beruht auf der Feststellung ihrer Harmonie mit einer Methode. Das bedeutet für die Einzelwissenschaft:

    a) Ein Geltungsanspruch ist nur sinnvoll unter Berufung auf eine Methode, die man offenlegen muß.

    b) Der Wert einer Aussage kann nur an Hand der Einzelregeln beurteilt werden, die die Methode ausmachen.

    c) Die Annahme oder Ablehnung einer Aussage läßt sich begründen, indem ihre Verträglichkeit oder Unverträglichkeit mit der Methode vorgewiesen wird.

2. Die Methode ist keine Erkenntnis, sondern eine zweckmäßige Festsetzung. Das bedeutet für die Methodologie:

    a) Eine Methode ist nur sinnvoll im Hinblick auf ein (erreichbares) Ziel, das der Einzelwissenschaftler grundsätzlich frei bestimmen kann und darlegen muß.

    b) Ihr Wert ist danach zu beurteilen, inwieweit das Ziel mit ihrer Hilfe erreicht werden kann.

    c) Ihre Annahme oder Ablehnung läßt sich aus ihrem Verhältnis zum Ziel begründen.

Von der Methodologie läßt sich — analog zur Logik — sagen, daß sie das wissenschaftliche Denken „auf ein höheres Niveau (hebt)"[27]. Einerseits stellt sie die einzelwissenschaftliche Forschung in einen größeren Zusammenhang; andererseits macht sie die verschiedenen Schichten der Probleme sichtbar[28]. Sie entschärft außerdem die Auseinander-

---

[27] *Ajdukiewicz*, Abriß der Logik, S. 6.
[28] Im Gegensatz zu der Befürchtung von *Eucken*. Siehe Ziffer 31.02, S. 88 dieser Arbeit.

setzungen, indem sie die (freien) Entschlüsse von den sachlichen Zusammenhängen[29] abgrenzt, und führt damit zu größerer Toleranz[30].

32 Versicherung als platonischer Gegenstand[31]

Von den zahlreichen Methoden, zwischen denen der Wissenschaftler heute wählen kann, sollen im folgenden zwei behandelt werden. Eine von ihnen ist der *Essentialismus*[32]. Wenn ich mich auch nicht für diese Methode entscheide, so gibt es doch mehrere Gründe, sie in diese Arbeit einzubeziehen: 1. Von *Platon* und *Aristoteles* ausgedacht, hat sie die Jahrhunderte überdauert und in der phänomenologischen Philosophie unseres Zeitalters eine neue Blüte erlebt[33]. 2. Sie hat gerade in den Sozialwissenschaften festen Fuß gefaßt und spielt hier die dominierende Rolle; sie wird aber auch für deren Rückstand gegenüber den Naturwissenschaften verantwortlich gemacht[34]. 3. Sie hat in der Versicherungswissenschaft deutliche Spuren hinterlassen, denen wahrscheinlich noch manche Denker folgen werden.

32.01 Die Wesensschau der Essentialisten

32.01.1 Das Ziel der Forschung[35]

Jene Wissenschaftler, die essentialistisch vorgehen, sehen die erste und wichtigste Aufgabe ihrer Arbeit darin, die Frage nach dem *Wesen*

---

[29] *Dewey*, Unity of Science as a Social Problem, S. 35.
[30] Vgl. *Albert*, Wertfreiheit als methodisches Prinzip, S. 188, und *Popper*, Die offene Gesellschaft und ihre Feinde, Bd. I, S. 24.
[31] Zu diesem Begriff siehe Ziffer 33.05, S. 120 dieser Arbeit.
[32] Der Name Essentialismus an Stelle der traditionellen Bezeichnung Realismus geht auf *Popper* zurück (*Popper*, Das Elend des Historizismus, S. 22 f.; Die offene Gesellschaft und ihre Feinde, Bd. I, S. 59; Three Views concerning Human Knowledge, S. 104).
[33] Siehe: *Albert*, Probleme der Wissenschaftslehre in der Sozialforschung, S. 41; *Bocheński*, Die zeitgenössischen Denkmethoden, S. 22 und 25; *Popper*, Die offene Gesellschaft und ihre Feinde, Bd. II, S. 23 f.
[34] Siehe: *Albert*, Der moderne Methodenstreit und die Grenzen des Methodenpluralismus, S. 150, und Modell-Platonismus, S. 68, Fußnote 45; *Popper*, Das Elend des Historizismus, S. 23, und Die offene Gesellschaft und ihre Feinde, Bd. I, S. 61, und Bd. II, S. 15.
[35] Dem Abschnitt liegt folgende Literatur zugrunde: *Ajdukiewicz*, Abriß der Logik, S. 49; *Albert*, Der moderne Methodenstreit und die Grenzen des Methodenpluralismus, S. 150; *Albert*, Modell-Platonismus, S. 68; *Albert*, Probleme der Theoriebildung, S. 19; *Albert*, Probleme der Wissenschaftslehre in der Sozialforschung, S. 41; *Bocheński*, Die zeitgenössischen Denkmethoden, S. 25 und S. 73 ff.; *Hempel*, Fundamentals of Concept Formation in Empirical Science, S. 2 und S. 6; *Kraft*, Die Grundformen der wissenschaftlichen Methoden, S. 13 f. und S. 22; *Popper*, Das Elend des Historizismus, S. 21 ff.; *Popper*, Die offene Gesellschaft und ihre Feinde, Bd. I, S. 59 f., und Bd. II, S. 15 ff.; *Popper*, On the Sources of Knowledge and of Ignorance, S. 19 f.; *Popper*, Three Views concerning Human Knowledge, S. 103 ff., 108 und 115; *Popper*, Die Zielsetzung der Erfahrungswissenschaft, S. 76.

der Gegenstände zu stellen und zu beantworten. Der Forscher soll sich darum bemühen, dieses (verborgene) Wesen zu entdecken, zu erkennen und das Ergebnis in einer Begriffsbestimmung oder Definition festzuhalten, zu beschreiben.

Wir kommen dieser Aufgabe näher, wenn wir mehrere Stufen des Wissens unterscheiden. Auf der ersten treffen wir — nach Meinung der Essentialisten — auf individuelle Gegenstände, Tatsachen, Phänomene. Diese sind entweder in der empirischen Welt oder in unserem Geiste zu Hause und lassen sich im Grunde ohne weiteres wahrnehmen. Ihre Individualität sollen sie dadurch haben, daß sie zu bestimmter Zeit vorhanden sind, vielleicht auch an bestimmtem Ort in bestimmter Gestalt. Ein derartiges Einzelobjekt ist z. B. das Blatt Papier, auf dem diese Zeilen stehen, oder die Hausratversicherung, die W bei der Gesellschaft G abgeschlossen hat. Gegenstände dieser Art bilden die Voraussetzung und Grundlage für jene Frage nach ihrem Wesen.

Auf der zweiten Stufe geht es darum, dieses Wesen aufzuspüren. Dazu ist es notwendig, das Individuelle des wahrnehmbaren Gegenstandes zu überwinden und zu Allgemeinem vorzudringen. Dieses Allgemeine ist aufzufinden in den „notwendigen und daher wesentlichen Eigenschaften", die aus der komplexen Beschaffenheit des einzelnen Objektes herausdestilliert werden müssen. So mögen an der besonderen Versicherung unseres Beispiels zahlreiche Eigenschaften auffallen, u. a. etwa: Das Risiko, das die Gesellschaft G vertraglich übernimmt; die Pflicht des W, die vereinbarte Prämie zu zahlen; die Laufzeit, die für den Vertrag vorgesehen ist; die Größe, Dicke und Farbe des Papiers, auf dem die Versicherung beurkundet ist. Aus der Summe dieser und aller anderen Merkmale, die der bestimmten, einzelnen Versicherung eigen sind, sind jene auszusondern und hervorzuheben, die den allgemeinen Gegenstand Versicherung ausmachen, die das Wesen der Versicherung kennzeichnen. Sie bilden den „Realitätsgehalt" der Gegenstände, die auf der unteren Stufe vorliegen. Dieser Realitätsgehalt besteht unabhängig von Zeit, Ort und Gestalt; er kann daher früher und später, und vielleicht hier und dort, in dieser und jener weiteren Verbindung mit Merkmalen vorkommen. Er wird auch als die „Grundstruktur der Gegenstände", als ihre „wahre Natur", als ihre „Essenz" bezeichnet.

Im Angesichte einzelner Gegenstände, z. B. einzelner Versicherungen, lautet also die Frage der zweiten Stufe: Was ist ..., z. B. Versicherung? Und die Antwort ist eine Beschreibung, eine Realdefinition, die — und das ist das Entscheidende — von links nach rechts zu lesen ist und empirische Information verspricht. Auf der linken Seite steht das Problem im Definiendum, auf der rechten Seite folgt seine Lösung im Definiens. Die Lösung stellt gleichzeitig die Beziehung klar, die zwischen einzelnen Gegenständen und ihrem (verwandten) allgemeinen Gegenstand besteht, oder den Anteil, den sie an ihm haben; sie rechtfertigt damit den Namen, den sie vom allgemeinen Gegenstand ableiten.

Die Erkenntnis des Wesens ist das Nahziel aller essentialistischen Forschung. Wenn sie gelingt, ist der Weg frei für ein weiteres Ziel, das wir gleichsam auf der dritten Stufe in Angriff nehmen können. Hier soll unser Wissen im Wege des Schließens erweitert, ausgebaut werden. Dazu sind einmal Prämissen oder Axiome notwendig, und das sind in diesem Falle die Wesensaussagen der vorherigen Stufe. Darüber hinaus braucht man Regeln, mit deren Hilfe man aus den Axiomen andere Aussagen ableiten kann, also die Schlußregeln der Logik. Auf diese Weise kommt dann Erkenntnis in der Form eines deduktiven oder axiomatischen Systems zustande, in dem jeder Schritt der Ableitung vollständig beweisbar ist. Wir stehen vor einer Theorie. Das Besondere dieser (essentialistischen) Theorie ist der Charakter ihrer Axiome. Sie werden als Erkenntnisse eingeführt und sind mit einem Anspruch auf Geltung ausgestattet. Alle Anstrengungen sind daher auf die Wahrheit der Axiome zu richten. Wenn sie gewährleistet ist und die Deduktionen fehlerlos sind, steht die Richtigkeit der Theoreme außer Zweifel.

32.01.2 Die (besondere) Methode der Essentialisten

Die essentialistische Theorie, deren deduktiver Aufbau von dem anderer Theorien nicht verschieden ist, steht und fällt mit den Wesenserkenntnissen. Wie läßt sich nun feststellen, ob ihre grundlegenden Aussagen zutreffen? Welche Methode verbürgt den Erfolg der Wesensforschung?

Als Richtigkeitsgrund dient die Art und Weise, wie man zu dem Wesen der Gegenstände vordringen kann. Das Verfahren ist „eine Art geistiger Schau", eine „Wesensschau" oder „Intuition": Der Forscher soll das Wesen eines Gegenstandes mit seinem Intellekt *direkt erschauen*[36]. Er bedarf dazu zwar „konkrete(r) Unterlagen" in der Form individueller Gegenstände der untersten Wissensstufe; sie geben aber nur den Anstoß dazu, daß das Wesen der Gegenstände unmittelbar vor sein geistiges Auge tritt[37]. Der Forscher braucht sich nur dieser Schau hinzugeben und festzuhalten und festzulegen, was er sieht.

Nun ist leicht zu zeigen, wie wichtig es ist, die Wesensschau einwandfrei durchzuführen. Wenn nämlich verschiedene Aussagen als unverträgliche Erkenntnisansprüche aufeinanderstoßen, muß mindestens einer der Akteure irren. Und der Irrtum kann nur in einer unzulänglichen

---

[36] *Albert*, Der moderne Methodenstreit und die Grenzen des Methodenpluralismus, S. 150, und Probleme der Wissenschaftslehre in der Sozialforschung, S. 41.
[37] Siehe *Kraft*, Die Grundformen der wissenschaftlichen Methoden, S. 22 f.

Intuition liegen. Aus diesem Grunde bestimmen Essentialisten häufig auch Details ihres Erkenntnisverfahrens, indem sie positive und negative Regeln für seinen Gebrauch aufstellen. In Einzelheiten können diese Verhaltensvorschriften voneinander abweichen. Sie sind aber ohne Rücksicht auf solche Unterschiede alle darauf angelegt, die Forscher auf die Intuition vorzubereiten und zu gewährleisten, daß sie ihr Ziel erreichen. Als Beispiel dafür und ohne Kommentar führe ich nun die entsprechenden Regeln eines Phänomenologen an[38]:

Der Wissenschaftler soll zunächst eine Reihe von Einflüssen ausschalten, die seinen Blick trüben können. Er soll sich freimachen 1. von allem Subjektiven, 2. von aller Theorie und 3. von aller Tradition. Was von ihm übrig bleibt, soll eine „rein erkennende(-)" Instanz sein. — Am Gegenstand selbst sind zwei Unterscheidungen zu treffen, die zu weiteren Ausschaltungen führen: 1. Die Existenz des Gegenstandes ist nicht von Interesse, sondern allein seine Beschaffenheit. 2. Alle unwesentlichen Elemente dieser Beschaffenheit sollen unberücksichtigt bleiben, und nur die wesentlichen sollen erfaßt werden. — Zwei positive Anweisungen schließen den Katalog: 1. Der Wissenschaftler soll alles, was sich am Gegenstand zeigt, möglichst vollständig sehen (wenn auch nicht alles ohne Grund für wesentlich halten). 2. Die Schau soll deskriptiv, abstrahierend, beschreibend sein.

32.02 Essentialistische Züge in der Versicherungswissenschaft

Die Vorbereitungen sind nun soweit gediehen, daß man aus den Untersuchungen des zweiten Kapitels einen weiteren Nutzen ziehen kann. Es ist jetzt möglich, jene Methode zu identifizieren, die in der versicherungswissenschaftlichen Begriffsforschung vorherrscht. Bei dem Urteil muß man allerdings behutsam zu Werke gehen. Nicht jeder, der vom Wesen der Versicherung spricht, ist darum schon Essentialist[39]. Und wer es dennoch ist, hat sich meistens nicht ausdrücklich auf seine Methode festgelegt. Das hat seinen Grund wahrscheinlich darin, daß sich nicht alle Forscher der Bedeutung ihrer Methode bewußt waren und sich darum auch nicht um letzte Klarheit über ihre Methode bemüht haben. Damit ist natürlich das Tor für manche Zufälligkeiten offen, die es schwer machen, ein bestimmtes Verfahren eindeutig nachzuweisen. Ich werde darum vorsichtig urteilen, wenn auch nicht unverbindlich: Ich halte es für unzweckmäßig und auch für unangebracht, irgendeinen der Autoren als Essentialisten hinzustellen. Meine Absicht ist es nur, die essentialistischen Züge aufzuzeigen, die aus dem Ziel ihrer Forschung, aus ihrer Rechtfertigung der Ergebnisse und aus ihrer Kritik an anderen hervorgehen.

---
[38] Siehe *Bocheński*, Die zeitgenössischen Denkmethoden, S. 23 ff.
[39] Vgl. *Albert*, Modell-Platonismus, S. 68, Fußnote 45.

Von den beiden Forschern, die sich in befriedigender Weise zu ihrer Methode geäußert haben, ist an dieser Stelle auf die Arbeit von *Adolph Wagner* einzugehen[40]. Das Ziel seiner Überlegungen sieht so aus: Er sucht „das ökonomische Wesen der Versicherung", „das der Versicherung spezifisch Eigentümliche", die „Natur aller Versicherung überhaupt"; er stellt klar, daß es ihm dabei auf „das wahre Wesen", auf den „eigentlichen Grundcharacter der Erscheinungen" ankommt. Diese Terminologie ist durchaus essentialistisch; sie ist in diesem Falle auch derart eindringlich und voller Nachdruck, daß kein Grund besteht, sie als zufällig und unerheblich abzutun.

Im übrigen stehen weitere Argumente dafür bereit, daß der Forscher auf den (essentialistischen) Realitätsgehalt der „individuellen und konkreten wirtschaftlichen Tatbestände" ausgeht, die Versicherungen sind: 1. Er nimmt Anstoß an der juristischen (!) Auffassung vom Wesen der Versicherung, die *Ludwig Elster* vertritt, und fordert allgemeine Anerkennung für seine eigene wirtschaftliche (!) Ansicht. Für ihn steht also ein einmaliger und insoweit realer Gegenstand zur Debatte, der nur so beschaffen ist, wie er ihn sieht, und darum nicht so beschaffen sein kann, wie ein anderer ihn zu sehen meint. 2. Er begründet die Richtigkeit seiner Definition im Detail und insgesamt immer wieder damit, daß sie auf *alle* konkreten Tatbestände Versicherung paßt und zutrifft. Auch das bekräftigt die essentialistische Richtung seiner Begriffsbestimmung und damit die bisherige Deutung seines Ziels.

Der Forscher muß sich um dieses Ziel bemühen, bis „das Typische" der individuellen Gegenstände offenliegt, bis sich an ihnen das Wesentliche und das Äußerliche „voneinander abheben". Was in dieser Sprache fast als ein objektiver, sachlicher Prozeß an den beobachteten Gegenständen erscheint[41], betrifft dennoch ausdrücklich das Subjekt des Wissenschaftlers: Er hat „eventuell" (!) Erfolg und sieht und erkennt dann das Wesen dieser Gegenstände. Die Erkenntnismethode ist also eine geistige Schau, eine Intuition. Der Autor gibt dazu einige Anleitungen; sie unterscheiden sich — vielleicht nur formal — von denen des Phänomenologen, sind aber ebenfalls auf einen günstigen Ausgang des Verfahrens abgestellt: In einem ersten Akt, der der Intuition vorausgeht, sollen die individuellen Sachverhalte in großer Zahl herangezogen und in allen Einzelheiten festgehalten werden. Im zweiten Akt soll der Forscher diese Sachverhalte aufmerksam und intensiv beobachten und sich in diese Schau versenken, bis sich der Erfolg einstellt. Auch die Methode trägt also unverkennbar den Stempel des Essentialismus.

---
[40] Vgl. Ziffer 22.02, S. 29 ff. dieser Arbeit.
[41] Siehe die Beziehung zum Realitätsgehalt, der eine solche Sprache nahelegt.

Wegen des besonderen Anteils, den *Alfred Manes* an der Erörterung des Versicherungsbegriffs hat, ist es besonders aufschlußreich, die methodische Grundlage seiner Arbeit zu klären. In dieser Hinsicht bietet der Autor allerdings kaum direkte Hilfe an; es bleibt daher nur übrig, die Indizien auszuwerten, die im vorherigen Kapitel gesammelt worden sind[42].

Im Vordergrund steht der unerbittliche Anspruch auf Geltung seiner Definition und ihre unnachgiebige Verteidigung gegen jede andere Deutung der Versicherung. Wer von seiner Lehre abweicht, hat nach seiner Meinung die Wahrheit verfehlt und huldigt dem Irrtum. Diese Haltung entspricht dem Essentialismus. Der Zusammenhang ist bekannt: Soweit die individuellen Gegenstände denselben Namen (hier Versicherung) zu Recht tragen, weisen sie auf einen und nur einen allgemeinen Gegenstand hin. Wer diesen Gegenstand richtig und vollständig beschreiben will, kann daneben keine andere Definition dulden.

Um für diese eine Begriffsbestimmung über alle Fakultäten hinweg den Grund zu legen, weist der Autor auf die einzige legitime Perspektive hin: Versicherung läßt sich zutreffend nur aus wirtschaftswissenschaftlicher Sicht erfassen. Zur Begründung führt er an, daß die Versicherung „in ihrem Wesen" eben wirtschaftlicher Natur sei. Auch diese Behauptung paßt zum Essentialismus: Wer an einzelnen Gegenständen der empirischen Welt intuitiv die wesentlichen und die unwesentlichen Aspekte zu unterscheiden vermag, kann auch ohne weiteres ihren Charakter feststellen.

Ob individuelle Gegenstände den Namen Versicherung verdienen, ob sie also „echte Versicherungen" sind, hängt für *Alfred Manes* in erster Linie nicht von einer Definition ab, im Grunde nicht einmal von seiner eigenen. Zwei Tatbestände belegen das: 1. Wenn der Autor den Vertretern anderer Definitionen entgegenhält, daß sie Gegenstände einschließen, die nicht Versicherung sind, oder Gegenstände ausschließen, die es dennoch sind, steht dieses Urteil jedesmal von vornherein fest; er leitet es in keinem Fall aus seiner Definition ab. Das spricht dafür, daß er seine Entscheidung auf eine unmittelbare Einsicht, auf eine direkte Erkenntnis stützt, für die die Definition nicht maßgebend ist. 2. Der Zweck der Definition besteht darin, den Versicherungsbegriff „allgemein verständlich(-)" zu machen, anderen eine „deutliche Vorstellung" vom Wesen der Versicherung zu geben. Sie soll also eine Erkenntnis an jene weitergeben, die dazu nicht ohne weiteres befähigt und daher auf die vermittelnde Rolle des Wissenschaftlers angewiesen sind. In diesem Sinne geht es darum, den (feststehenden) Versicherungsbegriff zu *bestimmen*, zu erläutern, nicht aber einen Ver-

---

[42] Vgl. Ziffer 22.03, S. 33 ff. dieser Arbeit.

sicherungsbegriff in einem irgendwie freien Spielraum selbst zu *bilden*. Auch das zeigt den untergeordneten oder abhängigen Rang der Definition. Beide Tatbestände stehen im Einklang mit dem Charakter und der Richtung einer Realdefinition: Das Definiendum enthält ein Erkenntnisproblem, das Definiens seine Lösung.

Gegen *Franz Helpenstein* und seine Definition der Versicherung wendet *Alfred Manes* ein, daß es sich sozusagen um einen ersten Versuch dieses Autors handle. Er empfiehlt ihm, sich fortan eifrig mit der Versicherung zu befassen, auf daß auch ihm die wahre Erkenntnis vom Wesen der Versicherung zuteil werde. Auch dieses Argument ist ernstzunehmen. Denn eine lange Beschäftigung mit dem Problem gilt häufig als wichtige Voraussetzung für eine erfolgreiche Intuition.

Es lohnt sich nicht, in diesem Stile fortzufahren und jeden essentialistischen Einschlag nachzuweisen, den man bei anderen Autoren finden kann. Ihr Mangel ist der, daß sie dem Leser ein klares Bekenntnis zur Methode ihrer Begriffsforschung vorenthalten und lediglich Anhaltspunkte bieten, die nicht so vollständig und eindeutig sind wie in den beiden vorherigen Fällen. Ich fasse das weitere Urteil darum zusammen:

Alle übrigen Autoren, mit Ausnahme von *Walter Schmidt-Rimpler*, bezeichnen ihr Ziel direkt oder indirekt mit Ausdrücken, die ihre geistige Heimat bei den Essentialisten haben. Das ist so offenkundig, daß ich ohne Nachweis an dieser Stelle auf das zweite Kapitel verweise.

Zwei Gelehrte suchen im Versicherungsbegriff ausdrücklich eine Prämisse für die dritte Stufe essentialistischer Forschung. *Walter Rohrbeck*[43] und ähnlich *Paul Riebesell*[44] sehen in dem Begriff „die theoretische Grundlage" der Versicherungswissenschaft, deren Sätze (z. B. über die „Grenzen und Bedingtheiten" der Versicherung) daraus notwendig folgen.

Für einige Autoren hängt der Versicherungscharakter empirischer Gegenstände ebensowenig von einer Definition ab wie für *Alfred Manes*. Ihr Urteil muß darum mit einer besonderen, direkten Erkenntnisweise zusammenhängen, wie sie dem Essentialismus eigen ist. Dieser Sachverhalt tritt besonders deutlich bei *Bernhard Krosta* zutage[45]; er ist ebenfalls vorhanden bei *Emanuel Herrmann*[46] und *Karl Hax*[47] und liegt ähnlich vor bei *Hans Möller*[48].

---

[43] Vgl. Ziffer 22.06.3, S. 53 dieser Arbeit. Die folgenden Zitate stammen von *Rohrbeck*.
[44] Vgl. Ziffer 22.08.2, S. 60 f. dieser Arbeit.
[45] Vgl. Ziffer 22.05.3, S. 47 f. dieser Arbeit.
[46] Vgl. Ziffer 22.01.2, S. 27 ff. dieser Arbeit.
[47] Vgl. Ziffer 22.12.3, S. 79 f. dieser Arbeit.
[48] Vgl. Ziffer 22.09.3, S. 66 f. dieser Arbeit.

32.03 Kritik am Essentialismus

Zuletzt steht noch die Frage an, ob man die essentialistische Wesensschau für die wissenschaftliche Praxis akzeptieren will oder nicht. Der Rahmen, in dem solche Überlegungen sinnvoll sind, ist schon erläutert worden und soll im folgenden auch beachtet werden[49].

Der Essentialismus ist ein Produkt der traditionellen Erkenntnistheorie und teilt ihre Mängel. Sein Ziel ist bekanntlich dies, den Realitätsgehalt der Gegenstände so zu erfassen und zu beschreiben, wie er wirklich ist. Mit dieser Absicht verbindet sich ein Anspruch auf absolut wahre oder richtige Erkenntnis und gleichzeitig die Vorstellung, daß sich dieses Verfahren dafür eigne. In diesem Punkte ist der Essentialismus von vornherein abzulehnen. Seine besondere Tauglichkeit, die hier zur Debatte steht, ist wie jede andere Aussage nur dann wissenschaftlich relevant, wenn sie durch eine Methode legitimiert wird[50]. Der Versuch aber, ein wissenschaftliches Verfahren methodisch zu rechtfertigen, scheitert an einem unendlichen Regreß[51]. Die besondere Qualifikation, die dem Essentialismus zugeschrieben wird, ist also nicht zu entscheiden und daher nicht von Belang.

Nun wäre es voreilig, den Essentialismus allein wegen seines (zu) hohen Erkenntniszieles abzutun. Da er u. a. die Begriffsforschung der Versicherungswissenschaft so erheblich beeinflußt, verdient er auch Beachtung in der Rolle, die die modernen Wissenschaftstheoretiker den Methoden zubilligen. Wie ist also ein gemilderter oder entschärfter Essentialismus zu beurteilen, dessen Ergebnisse nur wegen einer Entscheidung für diese Erkenntnisweise gelten sollen? Für die Bewertung sind drei Kriterien maßgebend, die in dieser Arbeit schon angedeutet worden sind: 1. Genügt das Verfahren der Bedingung kritischen Denkens? 2. Ist es praktisch durchführbar? 3. Führt es zur befriedigendsten Lösung unseres Problems?

Die Forderung kritischen Denkens geht dahin, nur solche Verfahren zuzulassen, die „öffentlichen Charakter"[52] haben. Das bedeutet, daß jedermann in der Lage sein soll, die Gültigkeit wissenschaftlicher Ergebnisse zu prüfen, wenn er dabei die Verfahrensregeln respektiert[53]. Wie steht es in dieser Hinsicht mit der Intuition? Wenn ein Essentialist das Wesen eines Gegenstandes definiert, spricht er einen persönlichen Gedanken aus und damit eine subjektive Erfahrung. Für alle Außen-

---

[49] Siehe Ziffer 31.06, S. 92 ff. dieser Arbeit.
[50] Vgl. Ziffer 31.03, S. 89 f. dieser Arbeit.
[51] Vgl. Ziffer 31.05, S. 91 f. dieser Arbeit.
[52] *Popper*, Die offene Gesellschaft und ihre Feinde, Bd. II, S. 267.
[53] Vgl. *Leinfellner*, Die Entstehung der Theorie, S. 88, und *Popper*, Die offene Gesellschaft und ihre Feinde, Bd. II, S. 267 ff.

stehenden gibt es nur zwei Wege, dieses Ergebnisses teilhaftig zu werden: Die einen bedienen sich der vermittelnden Rolle des Wissenschaftlers und nehmen seine Autorität zum Bürgen für die Richtigkeit seiner Definition; ihre Haltung ist unwissenschaftlich[54]. Die anderen, die Auserwählten oder Begnadeten, die der Intuition fähig sind, stellen sich das Problem selbst zur Aufgabe und bemühen sich um eine Erkenntnis; ihre Haltung ist kritisch und dennoch unfruchtbar. Der Streit um den Versicherungsbegriff zeigt nämlich, daß auf diese Weise eine Anhäufung von Ansichten droht[55]. Diese macht eine Entscheidung notwendig, die die Intuition aber nicht zu leisten vermag. Denn ihre einzige Chance auf Objektivität besteht in Verhaltensvorschriften, die einen jeden Forscher zwingend zu demselben Ergebnis führen und deren Einhaltung in jedem Einzelfall zu kontrollieren ist. Solche Regeln liegen (noch) nicht vor. Als Erkenntnismethode entbehrt die Intuition daher der geforderten Objektivität.

Daß ein essentialistischer Definitionsversuch erfolgreich durchzuführen wäre, wird von *Karl R. Popper* bestritten[56]. Man muß sich dazu folgendes vergegenwärtigen: Die Essentialisten heben das Wesen eines Gegenstandes durch eine *verbale* Erläuterung aus der Verborgenheit hervor. Sie verwenden dazu die Namen weiterer Begriffe und verschieben so die beabsichtigte „Begriffsbestimmung" auf andere Begriffe, die ebenfalls nur essentialistisch aufzuhellen sind. Eine Realdefinition ist also keineswegs dadurch abzuschließen, daß man ein Definiens ausspricht. Seine Bestandteile geben vielmehr Anlaß zu Realdefinitionen einer ersten Folge[57], die eine zweite nach sich zieht und so weiter ohne Ende. Dem steht nicht entgegen, daß dieser Nachteil die Definitionspraxis der Essentialisten offensichtlich nicht beeinträchtigt. Der Grund liegt auf der Hand: Sie brechen ihre Definitionen in einer frühen, endlichen Folge ab, weil sie davon ausgehen, daß die hier verwandten Begriffe allgemein bekannt sind[58]. Sie sind an dieser Stelle inkonsequent und bedenken nicht, daß eine vollständige Kenntnis der Begriffe auf essentialistischer Basis einen weiteren unendlichen Regreß heraufbeschwört. Ohne diese Vollständigkeit kann eine Realdefinition aber

---

[54] Vor einer Überschätzung der Autorität in der Wissenschaft warnen *Bocheński*, Wege zum philosophischen Denken, S. 66 f., und *Popper*, On the Sources of Knowledge and of Ignorance, S. 26 und 30. *Ajdukiewicz* schlägt demgegenüber vor, bei den Autoritäten nach Sachverstand und Lauterkeit zu differenzieren (Abriß der Logik, S. 74).

[55] Vgl. auch *Kraft*, Geschichtsforschung als strenge Wissenschaft, S. 76.

[56] Vgl. *Popper*, Die offene Gesellschaft und ihre Feinde, Bd. II, S. 24 ff.

[57] Ein gutes Beispiel dafür liefert *Manes* im Rahmen seiner „Begriffserläuterung" (siehe Ziffer 22.03.1, S. 34 f. dieser Arbeit, insbesondere Fußnote 64).

[58] Auch dafür ist das Beispiel von *Manes* typisch (siehe die Fußnote 57).

nicht halten, was sie verspricht: Sie enthält *keine* Information über die Wirklichkeit.

Auch unabhängig von den bisherigen Mängeln soll der Essentialismus nicht als bestmögliche Lösung für die Erklärung unserer Welt in Frage kommen[59]. Er soll vielmehr hinter jenem anderen Verfahren deutlich zurückstehen, das im nächsten Abschnitt behandelt wird. Für dieses Urteil wird der Fortschritt angeführt, den einige Wissenschaften, vor allem die Naturwissenschaften, erreichen, seitdem sie sich von der essentialistischen Methode „befreit" haben.

Die Gründe, die nun offenliegen, führen dazu, den Essentialismus als wissenschaftliche Methode auf der ganzen Linie zurückzuweisen. Eine so radikale Ablehnung darf aber über einen positiven Aspekt nicht hinwegtäuschen: Selbst schärfste methodologische Widersacher können und wollen auf die Intuition nicht verzichten. Auf sie allein führen sie jene Ideen und Einfälle zurück, die sich für die Wissenschaft als wertvoll erweisen können[60]. Und darin liegt kein Widerspruch. Sie unterscheiden eben die (psychologische) Gewinnung eines Gedankens von seiner (wissenschaftslogischen) Geltung[61]. Weder Definitionen noch Theorien sind also wegen ihrer essentialistischen Herkunft zu verwerfen. Die zahlreichen „Bestimmungen" des Versicherungsbegriffs innerhalb und außerhalb dieser Arbeit haben daher durchaus eine Chance. Darüber zu befinden, soll aber nicht mehr Sache der Intuition sein.

33 Versicherung als gedankliches Geschöpf

Wer sich dazu entschließt, die Tatsache eines intuitiven Einfalls als Richtigkeitsgrund seiner Definition des Versicherungsbegriffs anzunehmen, mag das tun. Das ist seine Freiheit. Wenn man allerdings die schwerwiegenden Mängel der Wesensschau bedenkt, muß man annehmen, daß sich ihre (kritischen) Anhänger dieser Schwächen nicht bewußt waren und „Opfer(-) des allgemeinen geistigen Klimas"[62] geworden sind. Diese Gefahr entfällt bei einer anderen Methode, für die ich mich entschließe und die nun erläutert wird, nämlich beim *logischen*

---

[59] Vgl. *Popper*, Die offene Gesellschaft und ihre Feinde, Bd. II, S. 15.
[60] Vgl. *Kraft*, Geschichtsforschung als strenge Wissenschaft, S. 76; *Popper*, Die offene Gesellschaft und ihre Feinde, Bd. II, S. 23; *Popper*, On the Sources of Knowledge and of Ignorance, S. 28.
[61] Vgl. *Albert*, Der moderne Methodenstreit und die Grenzen des Methodenpluralismus, S. 146; Probleme der Theoriebildung, S. 15 f.; Theorie und Prognose in den Sozialwissenschaften, S. 129; Probleme der Wissenschaftslehre in der Sozialforschung, S. 44 f.; *Popper*, Logik der Forschung, 2. Aufl., S. 6; On the Sources of Knowledge and of Ignorance, S. 21 und 24.
[62] *Lazarsfeld*, Wissenschaftslogik und empirische Sozialforschung, S. 38.

Positivismus[63]. Dieser hat in den Wirtschafts- und Sozialwissenschaften bisher kaum Freunde, und in der Versicherungswissenschaft ist er nahezu unbekannt. Und dennoch: Einer der Autoren, deren Begriffsarbeit hier untersucht worden ist, hat diese Methode weitgehend praktiziert, und das zu einer Zeit, als die Philosophen die Vorarbeit noch nicht geleistet hatten, auf die ich mich heute beziehe. Dieser eine ist *Walter Schmidt-Rimpler*[64]. Das Besondere seines Verfahrens ist den Fachgenossen entgangen und wird in der versicherungswissenschaftlichen Literatur nicht erwähnt.

Auf der Basis der beiden Methoden, um die es hier geht, erweist sich die Rolle der Begriffe als grundverschieden. Die Essentialisten nehmen sie zum entscheidenden Bauelement ihrer Theorien. Das gesamte theoretische Wissen fließt aus den Definitionen. Die Begriffsforschung bildet daher den Schwerpunkt der wissenschaftlichen Tätigkeit. Sie ist eine selbständige Teilaufgabe, die erfolgreich abgeschlossen, d. h. richtig gelöst sein muß, bevor weitere Schritte sinnvoll sind. Im Gegensatz dazu entwickeln die logischen Positivisten ihre Theorien aus Hypothesen[65], die sie zur Erklärung der Wirklichkeit aufstellen. Ihre methodologischen Regeln konzentrieren sich daher auf die Hypothesen, und zwar vor allem auf ihren Informationsgehalt und auf ihre Prüfung[66]. Begriffe treten in den Theorien nur als Bestandteile der Hypothesen und Theoreme auf[67], ohne daß ihren Definitionen irgendeine empirische Aussagekraft zugebilligt wird. Ihr Rang ist damit erheblich abgewertet. Trotzdem haben Vertreter dieser Richtung den logischen Charakter der Begriffe eingehend untersucht. Sie haben dazu die Sprache analysiert und so am Rande ihres Hauptproblems ein Ergebnis erzielt, das auch die Frage nach dem Wesen der Versicherung in ein anderes Licht stellt. Auf diese Überlegungen greife ich im folgenden zurück.

33.01 Rechtfertigung des Vorgehens

Der nächste Schritt, der damit für die Lösung unseres Problems in Aussicht genommen ist, liegt jenseits der Erwartungen und findet keine

---

[63] Als weitere Bezeichnungen dieser Methode kommen vor: Neopositivismus, logischer Empirismus, Neoempirismus (siehe *Kraft*, Der Wiener Kreis, S. 6, 13 und 20 f.). — Den Hinweis auf den logischen Positivismus verdanke ich Herrn Diplom-Volkswirt Rudolf *Möller*, Nürnberg, und Herrn Diplom-Kaufmann Johannes *Oos*, Neuwied, die auch manche Probleme dieser Arbeit mit mir diskutiert haben.

[64] Vgl. Ziffer 22.07, S. 54 ff. dieser Arbeit.

[65] Zum Charakter dieser Hypothesen siehe: *Albert*, Probleme der Theoriebildung, S. 23 ff.; *Albert*, Probleme der Wissenschaftslehre in der Sozialforschung, S. 50 ff.; *Kraft*, Erkenntnislehre, S. 196.

[66] Vgl. *Albert*, Der moderne Methodenstreit und die Grenzen des Methodenpluralismus, S. 148, und Wertfreiheit als methodisches Prinzip, S. 187.

[67] Vgl. *Albert*, Probleme der Theoriebildung, S. 21.

allgemeine Zustimmung. Das „sachliche" Interesse an der Definition eines Begriffs ist selten mit dem „philosophischen" Interesse an der Sprache gekoppelt. Wer sich der Sprachanalyse hingibt, erweckt vielmehr den Eindruck, dem sachlichen Problem aus dem Weg zu gehen. Auch für diesen Verdacht kann man *Walter Eucken* anführen. Mit den Worten von *Hippolyte Taine* hält er uns vor, „statt der Gegenstände ihre Zeichen" zu studieren, und empfiehlt uns eine „entschiedene Wendung zur Sache"[68]. Soll man trotzdem an der anderen Absicht festhalten?

Daß die Wissenschaft auf die Sprache angewiesen ist, steht in der Literatur außer Zweifel[69] und wird wahrscheinlich weitgehend anerkannt. Dieses Verhältnis wird aber häufig nur in einem vordergründigen Sinne zur Kenntnis genommen, was die Abneigung gegen die Sprachanalyse erklärt: Man sieht in der Sprache ein Mittel, dessen man sich fast ohne weiteres bedienen kann, um Erkenntnis zu formulieren und zu vermitteln. Und insoweit erscheint es auch verständlich, daß man sich z. B. in der Versicherungswissenschaft ausschließlich mit dem Gehalt der Sprache (= Erkenntnis) befassen und ihre übrigen Aspekte (z. B. die Grammatik) vernachlässigen möchte. Demgegenüber werden in der Literatur an dem Verhältnis von Sprache und Wissenschaft Momente betont oder aufgezeigt, die uns gerade wegen des Interesses an dem sachlichen Problem zur Sprache hinführen:

1. Die Sprache soll nicht nur das Gefäß sein, in dem die Wissenschaftler ihre Erkenntnisse festhalten und weitergeben; sie soll auch wesentlich auf den „gedanklichen Inhalt" einwirken, d. h. unser Denken lenken und bestimmen[70]. In dieser Hinsicht wird die Sprache nicht nur positiv beurteilt, sondern auch als „eine gefährliche Verführerin auf Abwege" hingestellt[71]. Als Beispiel für diese negative Kritik nennt *Wolfgang Stegmüller* „die Fallstricke des bestimmten Artikels"[72]. Allein durch seine Verwendung entstehe der hartnäckige Eindruck, daß man von einem einzigen, eindeutig bestimmten Gegenstand spreche. Diese Warnung muß wohl auch für den Titel und das Problem dieser Arbeit gelten und ist daher beachtenswert.

---

[68] *Eucken*, Die Grundlagen der Nationalökonomie, S. 1 und XI.
[69] Vgl. z. B.: *Albert*, Die Problematik der ökonomischen Perspektive, S. 438 f.; *Bloomfield*, Linguistic of Science, S. 1; *Bocheński*, Die zeitgenössischen Denkmethoden, S. 12 f. und 38 f.; *Hutchison*, Theoretische Ökonomie als Sprachsystem, S. 275; *Juhos*, Welche begrifflichen Formen stehen der empirischen Beschreibung zur Verfügung?, S. 101; *Kraft*, Erkenntnislehre, S. 34 f., und Der Wiener Kreis, S. 23; *Morris*, Scientific Empiricism, S. 69; *Schaff*, Einführung in die Semantik, S. 152 und 255 ff.
[70] *Klaus*, Spezielle Erkenntnistheorie, S. 34.
[71] *Kraft*, Erkenntnislehre, S. 35. Siehe auch: *Bocheński*, Die zeitgenössischen Denkmethoden, S. 39; *Morris*, Foundations of the Theory of Signs, S. 3.
[72] *Stegmüller*, Das Problem der Kausalität, S. 171 f.

2. Bei der Kritik der vorherigen Methode hat sich herausgestellt, daß der Essentialismus u. a. eben an der Sprache scheitert[73]: Jede Definition und jede Definitionskette, die ausschließlich essentialistisch zustande kommt, bleibt unvollständig und ohne Gehalt. Ihre Urheber gelangen über den Bereich der Sprache und damit über das „Stadium leerer Wortmacherei"[74] nicht hinaus, da sie keine Brücke schlagen zwischen den sprachlichen Zeichen und ihren Bedeutungen. Aus diesem Grunde wird ihnen „eine(-) unkritische(-) Einstellung zur Sprache" entgegengehalten[75]. Es ist daher eine wichtige Frage, wie man diesen Mangel vermeiden und den Bann der Sprache durchdringen kann.

33.02 Charakteristik der Sprachanalyse[76]

In jenem Teil der Sprachforschung, der für die wissenschaftliche Tätigkeit grundlegend ist, werden nicht besondere Gesichtspunkte einer konkreten Sprache untersucht; es geht vielmehr um das allgemeine Problem, Sachverhalte durch ein System von Zeichen darzustellen. Im einzelnen lassen sich dabei drei Bereiche unterscheiden, die in Kürze folgendermaßen gekennzeichnet werden können:

In der *Syntax* geht die Analyse der Sprache unter höchster Abstraktion vor sich. Man sieht davon ab, daß die Zeichen und/oder ihre Verbindungen einen Sinn haben; man vernachlässigt auch die Beziehung, die zwischen den Zeichen und/oder ihren Verbindungen und den Personen bestehen, die sie interpretieren. Im Blickpunkt steht allein die Form der Sprache; nur ihre logische Grammatik wird gesucht und bestimmt. Die Syntax führt zu einem dreifachen Ergebnis: 1. Sie legt sämtliche Zeichen (bzw. sämtliche Gestalt-Klassen von Zeichen) fest, die in der Sprache vorkommen. 2. Sie zeigt alle Regeln auf, die für die Kombination dieser Zeichen zu größeren Einheiten (Zeichenfolgen) in Frage kommen. 3. Sie weist alle Regeln vor, die die Umformung von Zeichenreihen erlauben, d. h. das Ableiten neuer Reihen aus anderen.

Die *Semantik* hat es mit der Bedeutung der Zeichen zu tun. Sie ist jenes wichtige Glied der Sprachanalyse, das unser Problem aufhellt

---

[73] Vgl. Ziffer 32.03, S. 101 ff. dieser Arbeit.

[74] *Popper*, Die offene Gesellschaft und ihre Feinde, Bd. II, S. 15.

[75] *Albert*, Probleme der Wissenschaftslehre in der Sozialforschung, S. 41. Siehe auch *Pap*, der in diesem Zusammenhang eine „ungenaue(-), beinahe regellose(-) Sprech- und Denkweise" anprangert (*Pap*, Analytische Erkenntnislehre, S. VI).

[76] Zu diesem Abschnitt siehe folgende Literatur: *Bocheński*, Die zeitgenössischen Denkmethoden, S. 37 ff.; *Klaus*, Spezielle Erkenntnistheorie, S. 15 ff.; *Kraft*, Der Wiener Kreis, S. 21 ff.; *Morris*, Foundations of the Theory of Signs; *Schaff*, Einführung in die Semantik, S. 42 ff.; *Stegmüller*, Das Wahrheitsproblem und die Idee der Semantik, S. 41 ff.

und dessen Resultate daher noch ausführlich herangezogen werden[77]. In bestimmten Sprachen betreffen die semantischen Regeln nur einzelne Zeichen. Der Sinn einer Zeichenkombination ergibt sich dann aus der zusätzlichen Beachtung der syntaktischen Regeln des Systems. Insoweit bedarf die Semantik also der Syntax.

Die *Pragmatik* schließt beide Gebiete ein und reicht darüber hinaus. Im Vordergrund steht bei ihr das Verhältnis der Zeichen zu jenen, die sie verwenden. Mit diesem Anliegen steht sie abseits dieser Arbeit.

33.03 Objektsprache und Metasprache

Jene Schwierigkeiten, die der Wissenschaft aus der Sprache drohen, haben ihre Ursache in einer mangelhaften Konstruktion der Sprache. Dieser Mangel besteht darin, daß die Alltagssprache auch solche Formulierungen (= Zeichenfolgen) zuläßt, die bei strenger Beachtung der üblichen Anforderungen an die Sprache der Wissenschaft ausgeschlossen werden müssen. Auf diese Weise sind die sogenannten Antinomien oder Paradoxien der Sprache möglich geworden[78]. Auf eben diese Weise sind aber auch Probleme entstanden, die mit den Definitionen zusammenhängen[79].

Um das zu veranschaulichen, sei die Definition von *Alfred Manes* wiederholt: „Versicherung ist gegenseitige Deckung zufälligen schätzbaren Bedarfs zahlreicher gleichartig bedrohter Wirtschaften". Der Sinn dieser Zeichenfolge liegt — wenigstens nach dem Willen ihres Urhebers — auf zwei verschiedenen Ebenen[80]. Auf der einen werden Zeichen verwandt, um einen außersprachlichen Gegenstand darzustellen. So möchte *Alfred Manes* „eine deutliche Vorstellung" vom Wesen der Versicherung vermitteln. Er strebt also eine gehaltvolle Aussage über die Wirklichkeit an. Ein Zeichensystem, das diesem Anliegen (und dieser Ebene) angemessen ist, wird als *Objekt*sprache bezeichnet[81]. Nun hat sich herausgestellt, daß auf der Basis von Definitionen keine empirische Information möglich ist[82]. Ihre „inhaltliche Redeweise", d. h. ihre

---

[77] Siehe Ziffer 33.04, S. 108 ff. dieser Arbeit.

[78] Am häufigsten wird die Antinomie des Lügners von Kreta zitiert. Sie lautet in neutestamentlicher Fassung: „Einer von ihnen, ihr eigener Prophet, hat gesagt: Kreter sind immerdar Lügner,..." (*Paulus*, Der Brief an *Titus*, 1.12).

[79] Siehe: *Albert*, Der moderne Methodenstreit und die Grenzen des Methodenpluralismus, S. 151; *Albert*, Probleme der Theoriebildung, S. 20, Fußnote 5; *Hutchison*, Theoretische Ökonomie als Sprachsystem, S. 276 ff.

[80] Siehe dazu *Popper*, Die offene Gesellschaft und ihre Feinde, Bd. II, S. 20 f.

[81] Zur Unterscheidung von Objektsprache und Metasprache siehe: *Bocheński*, Die zeitgenössischen Denkmethoden, S. 59 ff.; *Kraft*, Erkenntnislehre, S. 39 ff.; *Stegmüller*, Das Wahrheitsproblem und die Idee der Semantik, S. 38 f.

[82] Vgl. Ziffer 32.03, S. 102 f. dieser Arbeit.

Formulierung in Zeichen der Objektsprache, trügt also. Die Definition ist und bleibt insoweit eine leere Wortverbindung. Auf der anderen Ebene wird der Gebrauch der Sprache selbst festgelegt. In dieser Hinsicht bestimmt *Alfred Manes* — wenn auch beiläufig —, daß das Zeichen Versicherung als Abkürzung der längeren Zeichenfolge gilt, die sein Definiens repräsentiert. Ein Zeichensystem, das für diesen Zweck (und für diese Ebene) geeignet ist, nennt man *Meta*sprache[83]. Unsere Alltagssprache kennt diese Unterscheidung nicht. Dasselbe Zeichen Versicherung steht daher unverändert in Formeln sowohl der Objektsprache als auch der Metasprache und stiftet so große Verwirrung. Ich stelle daher klar, daß es im folgenden um die metasprachliche Frage geht, welche Bedeutung das Zeichen Versicherung hat, und nicht um das objektsprachliche Scheinproblem, wie der Gegenstand Versicherung beschaffen ist.

33.04 Semantische Analyse

33.04.1 Die Bedeutungsfunktion

Wir gehen bei unseren Überlegungen also von der Sprache aus. Zunächst ist es in ihrer konkreten Erscheinung die deutsche Sprache, in der wir auf das Zeichen Versicherung stoßen. Dieses Zeichen liegt vor in ungezählten Verwendungen der Vergangenheit und Gegenwart. Es ist das „magische" Zeichen in jener Diskussion, die sich mit dem Wesen der Versicherung befaßt und deren Ergebnis ich zum Anlaß dieser Arbeit nehme.

Jedes Zeichen, also auch das Zeichen Versicherung, steht nicht für sich selbst da. Es hat vielmehr eine besondere Funktion, durch die es an der Sprache teilhat, nämlich eine „Bedeutungsfunktion". Diese besteht darin, daß das Zeichen „über sich selbst hinausweist auf etwas anderes, als es selbst ist"[84]. Jedes Zeichen ist also ein Symbol, das etwas anderes anzeigen soll, für das es gesetzt wird.

Die Symbolkraft eines Zeichens beruht auf seiner Verbindung mit jenem anderen, das es bedeutet und das wir — vorläufig unbestimmt und vage — einen Gegenstand nennen wollen[85]. Zeichen und bedeuteter Gegenstand sind einander zugeordnet. Ihr Verhältnis bezeichnet *Victor*

---

[83] Siehe Fußnote 81 auf S. 107 dieser Arbeit.

[84] *Kraft*, Erkenntnislehre, S. 41. Siehe auch: *Morris*, Foundations of the Theory of Signs, S. 5; *Schaff*, Einführung in die Semantik, S. 152 und 167; *Woodger*, The Technique of Theory Construction, S. 6.

[85] Zu dem weiten Spielraum der Bedeutungen, die das Zeichen Gegenstand hat, siehe *Kraft*, Erkenntnislehre, S. 42. Das Zeichen Bedeutung ist im übrigen von demselben Mangel betroffen (siehe *Carnap*, Logical Foundations of the Unity of Science, S. 44, und *Morris*, Foundations of the Theory of Signs, S. 43).

Kraft als eine „intentionale Beziehung", in der „ein Zeichen das Vorderglied" bildet und „das Hinterglied (s)ein gegenständlicher Inhalt"[86].

Das Zeichen Versicherung steht also in einer solchen Beziehung zu einem Gegenstand, der beim Auftreten dieses Zeichens entweder mehr oder weniger ausführlich erläutert wird (z. B. in den Veröffentlichungen der zitierten Autoren) oder aber als hinreichend bekannt vorausgesetzt wird (z. B. im Versicherungsvertragsgesetz und im Versicherungsaufsichtsgesetz).

33.04.2 Die Ansätze für die Analyse

Indem wir uns diese Verbindung von Zeichen und Gegenstand bewußt machen, von der die Semantik ausgeht, liegen die Ansätze für weitere Überlegungen klar vor uns. Es sind: 1. das Zeichen, 2. der Zusammenhang von Zeichen und Gegenstand und 3. der bedeutete Gegenstand[87].

Bei den Erörterungen des Wesens der Versicherung ist das Zeichen Versicherung bisher nicht problematisch gewesen. In den vielfältigen Erscheinungen, in denen es optisch vorhanden ist oder akustisch vorkommt, wird immer wieder das eine Wort Versicherung identifiziert. Ob die Zusammenhänge, die das bewirken, bewußt sind oder nicht, ist für den Erfolg der Sprache unerheblich. Aus diesem Grunde brauchen wir die Fragen nicht aufzugreifen, die es allein mit dem Zeichen zu tun haben[88]. Die beiden anderen Punkte aber betreffen das Problem dieser Arbeit.

33.04.3 Zur Verbindung von Zeichen und Gegenstand

Was das Verhältnis von Zeichen und bedeutetem Gegenstand angeht, können wir uns kurzfassen. Für unser Anliegen genügt es, einen bestimmten Aspekt ihrer Verknüpfung zu bedenken:

Die Verbindung von Zeichen und Gegenstand geht aus menschlicher Absicht hervor (intentionale [!] Beziehung) und ist darum — in semantischer Hinsicht — grundsätzlich frei wählbar und ebenso abänderlich. Von Natur aus besteht eine derartige Beziehung weder in der einen noch in der anderen Richtung[89].

---
[86] *Kraft*, Erkenntnislehre, S. 42.
[87] Siehe *Kraft*, Erkenntnislehre, S. 50.
[88] Einzelheiten zu diesem Problem siehe bei *Kraft*, Erkenntnislehre, S. 50 ff., und *Morris*, Foundations of the Theory of Signs, S. 48 ff.
[89] Siehe: *Ajdukiewicz*, Abriß der Logik, S. 39; *Klaus*, Spezielle Erkenntnistheorie, S. 52 und 54; *Kraft*, Erkenntnislehre, S. 43 ff.; *Schaff*, Einführung in die Semantik, S. 168 und 170.

33.04.4 Zur Analyse des bedeuteten Gegenstandes

Die entscheidenden Probleme unseres Themas liegen bei dem bedeuteten Gegenstand. Die Kardinalfrage lautet: *Was* vertritt, *was* bedeutet ein Zeichen, insbesondere das Zeichen Versicherung? Unser Interesse gilt nun dem Hinterglied der Beziehungskette, also dem Gegenstand und letzten Endes dem Gegenstand Versicherung.

Damit sieht es so aus, als ob wir endlich dort angelangt wären, wo andere ohne Umschweife beginnen, nämlich beim Gegenstand. An dieser Stelle scheint die Sprachanalyse — ohne wichtiges Ergebnis — aufzuhören. Aber der Schein trügt. Die weitere Untersuchung bleibt semantisch und unterscheidet sich wesentlich von anderen Verfahren, z. B. von der (besonderen) Methode der Essentialisten[90]. Die Unterschiede sind nun klarzustellen, soweit das jetzt schon möglich ist.

Die Anhänger der Intuition (als Methode wissenschaftlicher Erkenntnis) gehen bekanntlich davon aus, daß der Gegenstand ihrer Forschung irgendwie vorliegt und daß seine Beschaffenheit im Grunde feststeht. Sie durchbrechen zwar das geistige Dunkel, in dem er sich befindet, bleiben ansonsten aber passiv: Sie erfassen den Gegenstand in rezeptiver Schau so, wie er ist; — mit anderen Worten — sie erkennen ihn in den „Wesensmerkmalen", die sie an ihm „vorfinden"[91]. Mit der Sprache wollen sie ihr Ergebnis festhalten und mitteilen, was sie ohne weiteres für möglich halten.

Die Semantiker gehen einen anderen Weg, auf dem wir ihnen nun folgen wollen: Auch wenn sie sich dem bedeuteten Gegenstand selbst zuwenden, fahren sie fort mit der Sprachanalyse. Sie versuchen, das Problem zu lösen, indem sie den logischen Charakter jenes Gegenstandes bestimmen wollen, der der intentionalen Beziehung der Sprache genügt. Die Fragen, die sich aus diesem Zusammenhang ergeben, veranlassen zu Konstruktionen, zu denen man auf andere Weise kaum gelangt. Sie führen vor allem zu einer wertvollen Einsicht in den Vorgang der Abstraktion und der Begriffsbildung und darüber hinaus in das Wesen der Versicherung.

Man muß zwar zugeben, daß die primäre Frage nun nicht mehr lautet: Was ist im besonderen der Gegenstand Versicherung? Wir fragen vielmehr: Was für Gegenstände sind das, die durch Zeichen bedeutet werden? Das ist die Frage einer *allgemeinen* Semantik. Von ihrer Klärung haben wir wichtige Informationen zu erwarten, die allgemein auf bedeutete Gegenstände zutreffen und darum auch auf den Gegenstand Versicherung.

---

[90] Vgl. Ziffer 32.01.2, S. 96 f. dieser Arbeit.
[91] Das ist die Terminologie von *Mahr*. Vgl. Ziffer 22.10.3, S. 70 dieser Arbeit.

33.04.5 Die notwendige Identität von Bedeutungen

Aus dem praktischen Zweck der Sprache leiten die Semantiker ein wichtiges Postulat ab, das die Beziehung von Zeichen und Gegenstand betrifft[92]. Es ist dies, daß ein Zeichen immer nur *einen*, denselben Gegenstand bedeuten soll, nie mehrere, verschiedene. Das ist — mit anderen Worten — die Forderung nach *Identität* des bedeuteten Gegenstandes.

Nun könnte dieses Postulat durchaus in Zweifel gezogen werden. Dafür spricht dies: Ich darf annehmen, daß die Bedeutung des Zeichens Versicherung nach weitverbreiteter Vorstellung sowohl eine bestimmte Feuerversicherung umfassen soll (z. B. die des A bei der Gesellschaft X), aber auch eine bestimmte Lebensversicherung (z. B. die des B bei der Gesellschaft Y). Die Verschiedenartigkeit der beiden Gegenstände ist offensichtlich; sie besteht z. B. in den Rechnungsgrundlagen, in den Voraussetzungen und in der Bemessung der Entschädigung, in den Personen der Vertragspartner (hier A und X, dort B und Y). Kann man darum noch von einem identischen Gegenstand sprechen? — Soll man die Forderung nach Identität nun zurückweisen? Dem steht wohl die zu erwartende Entrüstung entgegen, wenn das Zeichen Versicherung auch ein völlig andersgeartetes Geschäft repräsentieren soll, z. B. einen „reinen" Sparvertrag oder einen Autokauf. Wer aber bei der Verwendung von Zeichen nicht *beliebige* Bedeutungen hinnehmen will, muß sich eben doch für *identische* entscheiden.

Das Postulat könnte aber für trivial gehalten werden. Eine solche Einstellung ist jedoch nicht von Nachteil. Die Forderung nach Identität führt nämlich zu der entscheidenden Frage, *worin* diese Identität besteht[93]. In dieser *Frage* sind die Methodologen noch vereint; in der *Antwort* aber scheiden sich die Geister: Wir kennen z. B. die Lösung der Essentialisten, die uns aus Schule und Studium nahesteht und — bei oberflächlicher Betrachtung — plausibel erscheint. Wir stehen noch vor der Lösung der Semantiker, die diese Präferenzen nicht aufweist und daher Überwindung verlangt.

33.04.6 Ein (Um-)Weg zur Identität von Bedeutungen

Um die Identität der bedeuteten Gegenstände aufzudecken, prüft *Victor Kraft* zunächst, ob es möglicherweise verschiedene Arten unter ihnen gibt; er fragt also nach den „Klassen dessen, was die Zeichen einer Sprache bedeuten"[94]. Wenn es darauf eine befriedigende Auskunft gibt, kann man auf einen leichteren Zugang zu der gesuchten Identität

---

[92] Siehe *Kraft*, Erkenntnislehre, S. 55 f.
[93] Siehe *Kraft*, Erkenntnislehre, S. 56.
[94] *Kraft*, Erkenntnislehre, S. 58.

hoffen, weil verschiedene Bedeutungsklassen möglicherweise verschiedene Interpretationen nahelegen.

Die Klassen von Bedeutungen lassen sich von der Sprache her auffinden; denn der Klassifikation der Gegenstände muß in der Sprache eine Klassifikation der Zeichen entsprechen. Dabei erweisen sich aber die natürlichen Sprachen als problematisch. Ihre Struktur ist nämlich jeweils durch eine Fülle von Zufälligkeiten geprägt[95]. Die Anlehnung an natürliche Sprachen führt darum nur zu den relativen Bedeutungsklassen dieser Sprachen. Um aber „die allgemeinsten Kategorien der Bedeutungen" zu ermitteln, also die, „die in jeder Sprache auf irgendeine Weise zum Ausdruck gebracht werden müssen"[96], muß man über die natürlichen Sprachen hinausgehen.

Als brauchbare Hilfe bietet sich die symbolische Logik an[97]. Ihren (deskriptiven) Zeichen ist zwar von vornherein keine konkrete Bedeutung zugeteilt, für die einzelnen Bedeutungskategorien werden aber verschiedene Zeichen verwandt, so für Individuen, Eigenschaften und Beziehungen[98]. Victor Kraft glaubt, den Unterschied zwischen Eigenschaften und Beziehungen vernachlässigen zu können, und gelangt so zu zwei Grundklassen von Bedeutungen. Diese sind Bedeutungen von Einzelgegenständen (Individuen) und Bedeutungen von allgemeinen Gegenständen (Eigenschaften und Beziehungen) — oder Individualbedeutungen und allgemeine Bedeutungen[99]. Der Unterschied zwischen beiden ist der, daß eine Individualbedeutung einen einzelnen Gegenstand betrifft, während eine allgemeine Bedeutung einer offenen Klasse von Gegenständen entspricht.

33.04.7 Die Identität von allgemeinen Bedeutungen

Wir können nun wieder die Frage aufgreifen, worin die Identität der Bedeutungen besteht. Für eine Individualbedeutung — z. B. ROLAND Rechtsschutz-Versicherungs-Aktiengesellschaft — scheint die Antwort ohne weiteres möglich: Die Identität wird durch die Einzigkeit oder Einmaligkeit des bedeuteten Gegenstandes garantiert. Das ist zwar meistens falsch, wir können den Irrtum aber auf sich beruhen lassen[100]. Denn das Zeichen Versicherung hat keine derartige Individualbedeutung; höchstens mit Zusätzen kommt es für die Bezeichnung einzelner Gegenstände in Betracht, so z. B. in der Form

---

[95] Siehe *Bocheński* und *Menne*, Grundriß der Logistik, S. 16, und *Kraft*, Erkenntnislehre, S. 58.
[96] *Kraft*, Erkenntnislehre, S. 58 und 77.
[97] *Kraft*, Erkenntnislehre, S. 77.
[98] *Carnap*, Einführung in die symbolische Logik, S. 1 und 4.
[99] *Kraft*, Erkenntnislehre, S. 87.
[100] Einzelheiten dazu siehe bei *Kraft*, Erkenntnislehre, S. 56 ff.

„eine Versicherung" oder „diese Versicherung". Unmittelbar steht es also für eine allgemeine Bedeutung, für einen allgemeinen Gegenstand. Das Problem dieser Arbeit ist damit um einen Schritt präziser geworden: Es geht nicht mehr einfach um die Identität einer Bedeutung, sondern (nur noch) um die Identität einer allgemeinen Bedeutung.

Die Schwierigkeit dieser Aufgabe ist in anderem Zusammenhang schon deutlich zutage getreten: Auf der einen Seite steht die Individualität der Versicherungen[101]. Einzelne Gegenstände und auch einzelne Versicherungen sind voneinander verschieden; sie sind nie einfach identisch; es sind jedesmal andere Versicherungen. Diese Verschiedenartigkeit der einzelnen Gegenstände läßt sich nicht aufheben; wir müssen sie unangetastet lassen. Auf der anderen Seite steht das Postulat der Identität von Bedeutungen[102]; ihre Zeichen sollen immer dieselbe Bedeutung haben, und zwar auch im Falle allgemeiner Bedeutungen. Sprache setzt damit voraus, daß wir die Identität des allgemeinen Gegenstandes gewinnen, wenn auch die einzelnen Gegenstände, die darunter fallen, verschieden sind.

Victor Kraft zeigt einen Ausweg aus diesem Dilemma, den er am Beispiel von Dreieck und Kreis erläutert[103]. Seine Gedanken lassen sich folgendermaßen auf das Problem dieser Arbeit übertragen: Der allgemeine Gegenstand Versicherung ist nicht eine irgendwie geartete Versicherung, sondern das Versicherungsmäßige oder Versicherungsartige. Und dieses besteht in den Merkmalen, die auf jede einzelne Versicherung zutreffen. Es könnten z. B. die sein, die *Alfred Manes* mit Leidenschaft vertreten hat. Das heißt: Das Identische ist in unserem Falle das Versicherungsmäßige, das allen einzelnen Versicherungen gemeinsam ist. Auch diese Vorstellung muß einen Essentialisten noch nicht beunruhigen. Ihr Wert besteht zunächst darin, daß man das Problem der Identität auf ihrer Basis in drei wichtige Teilfragen zerlegen kann, die ich nun aufführe und begründe.

Erste Frage: Wie gelangen wir zu der allgemeinen Bedeutung Versicherung? Woher nehmen wir das Versicherungsmäßige oder Versicherungsartige?

Die einen berufen sich in großer Zahl auf irgendeine „Präexistenz" des allgemeinen Gegenstandes Versicherung und meinen, seine Merk-

---

[101] Siehe Ziffer 33.04.5, S. 111 dieser Arbeit. — Im übrigen kann man nicht von einzelnen Versicherungen sprechen, solange man die allgemeine Bedeutung Versicherung als Problem vor sich herschiebt. Ich bediene mich darum an dieser Stelle der Definition von *Manes*. Daß das zulässig ist, wird aus der weiteren Arbeit noch hervorgehen.
[102] Siehe Ziffer 33.04.5, S. 111 dieser Arbeit.
[103] *Kraft*, Erkenntnislehre, S. 91.

male dort „vorzufinden"[104]. Die Unzulänglichkeit dieser und ähnlicher Auffassungen ist aber in dieser Arbeit dargelegt worden[105]; es muß also eine andere Lösung geben.

Zweite Frage: Wer garantiert die Identität der allgemeinen Bedeutung für alle Fälle, in denen das Zeichen Versicherung vorliegt? Welche Kriterien sind uns gegeben, um diese Identität festzustellen?

Natürliche Sprachen leiden häufig an dem Mangel, daß ihre Zeichen nicht ausreichen, um Bedeutungen zu identifizieren. Wenn z. B. ein Diplomat seinem Gesprächspartner die „Versicherung" freundlicher Gefühle seines Heimatlandes ausspricht, hat dieses Zeichen eine andere Bedeutung als in dem Buchtitel „Versicherung und Risiko" von *Paul Braeß*. Bei Bedeutungen, die so weit auseinanderliegen, ist die Gefahr eines Mißverständnisses allerdings nicht groß, da die beabsichtigte Bedeutung meistens aus dem Zusammenhang zu erkennen ist. Die Situation ist aber verwirrend, wenn das eine Zeichen Versicherung für eine große Zahl einander ähnlicher, einander überschneidender und doch verschiedener Bedeutungen verwandt wird. Man kommt darum nicht umhin, sich der Identität der Bedeutungen in anderer Weise zu „versichern" als nur an Hand der Zeichen.

Dritte Frage: In welchem Verhältnis stehen die einzelnen Versicherungen zur allgemeinen Bedeutung Versicherung? Wie identifizieren wir die einzelnen Versicherungen als Elemente der Klasse Versicherung?

Victor Kraft hat die allgemeine Bedeutung „als etwas Eigenes neben dem einzelnen Individuellen" charakterisiert[106]. Das Versicherungsmäßige ist also etwas anderes als eine einzelne Versicherung oder als irgendeine andere Zahl von Versicherungen. Ihr Verhältnis zueinander muß darum erörtert werden.

33.04.8 Die Genesis einer allgemeinen Bedeutung

Als Antwort auf die erste Frage bietet *Victor Kraft* eine Hypothese an[107], die gleichzeitig den Grund legt für die Antworten auf die beiden anderen Fragen. Die Hypothese soll also in erster Linie erklären, wie eine allgemeine Bedeutung zustande kommt. Ich führe diese Hypothese nun vor, indem ich mir einen allgemeinen Gegenstand zum Ziel setze. Um Mißverständnissen vorzubeugen, soll es nicht der Gegenstand Versicherung sein. Ich entscheide mich für einen anderen, der in der

---

[104] Vgl. Ziffer 32.02, S. 97 ff. dieser Arbeit. Siehe auch den verführerischen Titel einer neuzeitlichen Schrift von *Glöckner: Das Finden* (e. H.) *von Begriffen.*
[105] Siehe Ziffer 32.03, S. 101 ff. dieser Arbeit.
[106] *Kraft,* Erkenntnislehre, S. 91.
[107] *Kraft,* Erkenntnislehre, S. 93 f.

Begriffsbestimmung von *Alfred Manes* als Merkmal vorkommt, nämlich Gegenseitigkeit. Dabei unterstelle ich, daß wir den Begriff der „Gegenseitigkeit" (noch) nicht haben; demgemäß kann es in unserer Sprache (noch) kein Zeichen mit dieser Bedeutung geben.

Wir betrachten Individuen, in diesem Fall Personen, für die ich die Zeichen a, b, c und d setze. Wir machen folgende Beobachtungen:

1. Zwischen a und b bestehen mehrere Beziehungen: a ist mit b verwandt; b schreibt an a; a schätzt b, und b schätzt a. Von diesen Beziehungen interessiert uns nur die letzte. Es handelt sich dabei um eine bestimmte, individuelle Beziehung, die wir in der Schreibweise der Logistik[108] folgendermaßen ausdrücken können: f_1 (a, b).

2. b schließt fast täglich einen Vertrag mit c, auf Grund dessen b an c Geld leistet und c an b eine Zeitung liefert. Auch hier liegt eine bestimmte, individuelle Beziehung vor, freilich eine andere als vorher. Wir schreiben: f_2 (b, c).

3. a und d bauen Häuser, jeder eines. Zunächst hilft a dem d, später d dem a. Wir stehen wieder vor einer anderen individuellen Beziehung und formulieren: f_3 (a, d).

Als Ergebnis unserer Beobachtungen haben wir damit drei individuelle Beziehungen ausgesagt, nämlich f_1 (a, b), f_2 (b, c) und f_3 (a, d). Es sind verschiedene Beziehungen, die nicht miteinander identisch sind. Das ist ganz offenkundig in der symbolischen Schreibweise, in der die verschiedenen Zeichen jeweils verschiedene Prädikatoren, nämlich f_1, f_2 und f_3 und verschiedene Gruppen von Individuenkonstanten, nämlich (a, b), (b, c) und (a, d), anzeigen. Die einzelnen Beziehungen stehen getrennt nebeneinander und lassen sich nicht ohne weiteres „zu ein und derselben Art von Beziehungen ... zusammenfassen"[109]. Dazu fehlt vorerst das vereinigende Band des Gegenstandes Gegenseitigkeit.

Wir stellen die einzelnen Beziehungen nun einander gegenüber und vergleichen sie. Dabei können wir uns entschließen, z. B. vom Inhalt der Beziehung zwischen a und b weitgehend abzusehen und ausschließlich den Tatbestand ins Auge zu fassen, daß dieselbe Beziehung sowohl von a zu b als auch von b zu a besteht. Mit dieser Abstraktion haben wir gegenüber f_1 (a, b) eine neue Beziehung vor uns. Sie lautet nicht mehr: „a schätzt b, und b schätzt a", sondern: „Was von a gegenüber b ausgesagt wird, genau das läßt sich auch von b gegenüber a aussagen." Wegen der Verschiedenheit dieser Aussage gegenüber f_1 (a, b) schreiben wir nun f (a, b). Entsprechend können wir mit den beiden anderen Beziehungen verfahren und erhalten dann f (b, c) und f (a, d).

---

[108] Vgl. *Bocheński* und *Menne*, Grundriß der Logistik, S. 57.
[109] *Kraft*, Erkenntnislehre, S. 93.

In den nun vorliegenden Individualaussagen erkennen wir die eine Beziehung f als dieselbe wieder. Das zeigt in der symbolischen Schreibweise der identische Prädikator f. Nach dem Verfahren, aus dem die Beziehung hervorgegangen ist, ist sie zunächst eine Beziehung zwischen einer begrenzten Zahl von Individuengruppen, nämlich zwischen a und b, zwischen b und c und zwischen a und d. Wir lösen die Beziehung f nun gedanklich von den Individuen, an die sie noch gebunden ist. Wir fassen sie nicht mehr auf als eine Beziehung zwischen bestimmten Gliedern, sondern zwischen beliebigen oder variablen. Demgemäß erhält sie die Form f (x, y).

Die so erarbeitete Beziehung ist bestimmt (f), aber allgemein (x, y). Ihre Allgemeinheit beruht auf der Austauschbarkeit ihrer Glieder[110]. Sie lautet nämlich nun — abweichend von früher —: „Was von x gegenüber y ausgesagt wird, genau das läßt sich auch von y gegenüber x aussagen." In dieser allgemeinen Beziehung haben wir ein Exemplar einer allgemeinen Bedeutung oder — das ist gleichbedeutend — eines Begriffes vor uns. Für diese Bedeutung, für diesen Begriff verwenden wir fortan das Zeichen Gegenseitigkeit.

Das Fazit der voraufgegangenen Operationen ist in Kürze dies:

1. Am Anfang standen bestimmte, individuelle Beziehungen, z. B. f_1 (a, b) und f_2 (b, c). Daran hat sich nichts geändert; wir können diese Beziehungen weiterhin aussagen, wenn uns daran gelegen ist.

2. Solange wir den Begriff der Gegenseitigkeit nicht haben, läßt sich Gegenseitigkeit nicht an einer einzigen, individuellen Beziehung feststellen, nicht aus ihr allein gewinnen. Wir finden die Gegenseitigkeit also nicht als Merkmal einer solchen Beziehung vor. Oder allgemein: Die Merkmale eines Begriffes sind an den Gegenständen, die darunter fallen, nicht einfach vorgegeben, an ihnen einfach abzulesen[111]. Als Beleg dafür gelten der völlig andere Weg, auf dem wir zum Begriff der Gegenseitigkeit gelangt sind (siehe die folgende Ziffer 3) und die frühere Kritik am Essentialismus[112].

3. Erst die Gegenüberstellung mehrerer Gegenstände — hier mehrerer Beziehungen — gibt die Grundlage für eine — bis dahin nicht konzipierte — allgemeine Bedeutung, für einen Begriff. Indem wir die Gegenstände vergleichen, mag uns ein bestimmter Aspekt, ein „identische(r) Abstraktionsgesichtspunkt"[113] an dem einen Gegenstand eine

---

[110] *Kraft*, Erkenntnislehre, S. 95.
[111] Vgl. Gerhard *Frey* (Gesetz und Entwicklung in der Natur, S. 6): „Die Wahrnehmung eines Gegenstandes, z. B. eines Baumes, ist nur möglich, wenn man schon weiß, was ein Baum ist und *diese* neue Wahrnehmung dem Begriff ‚Baum' unterordnen kann."
[112] Siehe Ziffer 32.03, S. 101 ff. dieser Arbeit.
[113] *Kraft*, Erkenntnislehre, S. 89.

Beschaffenheit in ihrer Übereinstimmung mit der des anderen Gegenstandes erkennen lassen, z. B. f (a, b) und f (b, c)[114]. Die Entdeckung dieser partiellen Übereinstimmung ist der erste Schritt auf eine neue Beschaffenheit hin; der zweite besteht darin, die Beschaffenheit von den Gegenständen zu abstrahieren, aus deren Vergleich sie hervorgegangen ist, und sie damit als allgemeine Bedeutung, als Begriff zu erfassen, als f (x, y).

4. Was wir an einem einzelnen Gegenstand nicht ohne weiteres vorfinden, z. B. die Gegenseitigkeit an der beobachteten Beziehung f_1 (a, b), das schaffen wir mit (in) unserem Geiste durch Vergleich und Abstraktion. Erst unsere geistige Tätigkeit bringt damit allgemeine Gegenstände hervor. Allgemeine Bedeutungen oder Begriffe erweisen sich damit als Produkte unseres Geistes, als „gedankliche Neuschöpfung(en)"[115, 116].

33.04.9 Ergebnisse der Analyse

Die Hypothese von *Victor Kraft* ist der Schlüssel für eine annehmbare Lösung der Probleme, die mit dem Wesen der Versicherung zusammenhängen. Im folgenden sollen zunächst die Antworten auf die vorherigen Fragen zusammengestellt werden.

Erstes Ergebnis[117]: Die Hypothese, auf die wir uns stützen, erklärt die Bildung von Begriffen. Nun korreliert das Zeichen Versicherung gerade mit einer allgemeinen Bedeutung, also mit einem solchen Begriff. Denn jene Beschaffenheit, die in dem einen oder anderen Versicherungsbegriff konstituiert wird, ist nicht individuell, d. h. nur an einem oder zwischen mehreren Gliedern vorhanden; sie ist vielmehr allgemein, indem die Glieder offenbleiben, an denen sich diese Beschaffenheit konkretisiert. Folglich gilt für die Bedeutung Versicherung — auf hypothetischer Grundlage —, was vorher generell zur Entstehung eines Begriffes ausgeführt wurde. Damit ist eine erste Aussage über das Wesen der Versicherung möglich: Der allgemeine Gegenstand Versicherung ist ein *gedankliches Geschöpf*[118].

---

[114] Siehe die Ausführungen von *Kraft* zum Begriff der Röte: „Mit dem Prädikat ‚rot' wird ... eine Beschaffenheit in ihrer Übereinstimmung mit anderen charakterisiert" (Erkenntnislehre, S. 87 f.).
[115] *Kraft*, Erkenntnislehre, S. 100.
[116] Bei der Bildung des Begriffs Gegenseitigkeit haben wir uns im übrigen auf andere Begriffe gestützt. Denkbar ist auch eine Begriffsbildung, die andere allgemeine Bedeutungen nicht voraussetzt (vgl. *Kraft*, Erkenntnislehre, S. 95). Für den Zweck, dem das Beispiel dieser Arbeit dient, kommt es auf jene Unterscheidung nicht an.
[117] Siehe dazu die erste Frage auf S. 113 dieser Arbeit.
[118] Diese Aussage hat eine verführerische Ähnlichkeit mit der folgenden von Emil *Frey:* „Die Versicherung ist eine geniale Schöpfung des menschlichen Geistes ..." (Die Verswirtschaft der Welt — global betrachtet, S. 10). Sicher ist, daß *Frey* nicht den Begriff Vers. meint; ansonsten ist diese Ausdrucksweise vage.

Zweites Ergebnis[119]: Jeder schöpferische Akt dieser Art führt zu einer bestimmten Beschaffenheit, die zunächst im Erlebnis des einzelnen Subjektes, des Urhebers, zustande kommt. Diese Beschaffenheit kann nun mit Hilfe der Sprache objektiviert werden, wenn bekannte Begriffe (Merkmale) ausreichen, um die neue Beschaffenheit festzuhalten und zu vermitteln (= „verbale Definition"[120]). Soweit das nicht der Fall ist, bleibt nur der Ausweg einer „hinweisende(n) Definition"[120], die bei dem Aufnehmenden denselben Abstraktionsprozeß herbeiführen soll, den ihr Urheber schon vollzogen hat[121]. Auf diese Weise wird der *Inhalt*[122] eines Begriffes festgelegt, der Begriff wird verkehrsfähig. Die Notwendigkeit eines unendlichen Regresses tritt dabei nicht auf.

Um die Identität eines Begriffes zu prüfen, ist es nötig, seinen Inhalt festzustellen. Im Falle einer verbalen Definition kommt es also auf die beschreibenden Merkmale an. Sie ermöglichen es, mehrere Begriffe als ein und dieselbe Bedeutung zu erkennen, wenn die Beschreibungen übereinstimmen; sie stellen mehrere Begriffe als verschiedene Bedeutungen klar, wenn sich die Beschreibungen nicht decken. Dieses Verfahren ist gerade für die Versicherungswissenschaft unerläßlich, da die — meist uneingestandene — Freiheit der Begriffsbildung hier besonders gepflegt worden ist. In dieser Hinsicht ist daher eine zweite Aussage von Belang: Das Wesen der Versicherung besteht im beschreibenden Inhalt (in den Merkmalen) des (jeweiligen) Begriffes.

Die Identifizierung von Begriffen kann in der Praxis schwerer fallen, als man leichthin annimmt. Ihre Inhalte werden nämlich in natürlichen Sprachen dargestellt. Die Beschreibungen sind daher mit den Mängeln behaftet, die natürliche Sprachen aufweisen[123]. Im Hinblick auf die relevanten Merkmale sind das insbesondere Mehrdeutigkeit von Bedeutungsfunktionen und Vagheit von Bedeutungen. Diese Schwäche der Beschreibung wird zwar gelegentlich durch den Zusammenhang geheilt, in dem Begriffe gebraucht werden. Häufig ist es aber unumgänglich, auch den Inhalt der beschreibenden Begriffe darzulegen. Ein Beispiel dafür ist die „Begriffserläuterung" von *Alfred Manes*, in der die einzelnen Merkmale der Reihe nach gedeutet werden[124]. Da dazu wieder andere Begriffe benutzt werden, läßt sich nicht generell bestim-

---

[119] Siehe die zweite Frage auf S. 114 dieser Arbeit.

[120] *Kraft*, Erkenntnislehre, S. 103.

[121] Zu den Grenzen dessen, was auf diese Weise und überhaupt objektiviert werden kann, siehe *Kraft*, Der Wiener Kreis, S. 38 ff. Siehe auch *Heisenberg*, Sprache und Wirklichkeit in der modernen Physik, S. 21 f.

[122] Zum Inhalt eines Begriffes siehe *Kraft*, Erkenntnislehre, S. 57 und vor allem S. 92.

[123] Zu den Mängeln natürlicher Sprachen siehe *Kraft*, Erkenntnislehre, S. 45 ff.

[124] Siehe *Manes*, Verswesen, 1. Bd., S. 2 ff.

men, in welcher Stufe eine ausreichende Klärung des Ausgangsbegriffes zu erreichen ist. Sicher ist nur, daß man auf diese Weise zu einem Ende kommen muß, wenn auch nicht zu einer absoluten Lösung[125].

Drittes Ergebnis[126]: Der Begriff Versicherung ist ein allgemeiner Gegenstand, also eine Beschaffenheit mit (mindestens) einem variablen Glied. Was den Inhalt eines Versicherungsbegriffes ausmacht, ist das Versicherungsmäßige, und dieses trifft zu auf jene (empirischen) Gegenstände, die sich in die Leerstelle(n) dieser Beschaffenheit einsetzen lassen. Der Inhalt bestimmt so den *Umfang* des Begriffs. Damit liegt die Beziehung offen, die zwischen dem Begriff Versicherung und einer einzelnen Versicherung besteht, die Beziehung also zwischen einem allgemeinen Gegenstand gedanklicher Schöpfung und einem individuellen Gegenstand der empirischen Welt.

Das Versicherungsmäßige läßt sich von der Wirklichkeit aussagen. Das setzt voraus, daß eine abstrahierende Betrachtung bestimmter Gegenstände Übereinstimmung mit dem Inhalt des Versicherungsbegriffs ergibt. Die Gegenstände werden so im Versicherungsbegriff wiedererkannt; sie fallen damit unter den Versicherungsbegriff. Das meint man mit ihrer Einsetzbarkeit in die Leerstelle(n) des Begriffs.

33.05 Die Existenz der allgemeinen Gegenstände

Wir haben gesehen, warum sich moderne Wissenschaftstheoretiker gegen die Methode der Essentialisten entscheiden[127]. Und eine andere Methode, die Wesenserkenntnis im bisherigen Sinne rechtfertigt, ist nicht in Sicht. Wer sich der Ablehnung anschließt, gibt daher die (zweifelhafte) Voraussetzung auf, vom (essentialistischen) Wesen der Gegenstände und damit von vorgegebenen allgemeinen Gegenständen selbst zu sprechen: Sie existieren einfach nicht in der Reichweite einer annehmbaren Methode. Im Rahmen der semantischen Analyse war dennoch die Rede gerade von allgemeinen Gegenständen. Nun kann man insoweit zwar auf die verschiedenen Sprachstufen hinweisen[128]; aber das genügt vielleicht nicht gegen den Verdacht, daß dieselben allgemeinen Gegenstände nach ihrer Ausweisung durch eine Hintertür in die Wissenschaft wieder einziehen. Vorsorglich sollen darum die beiden Positionen, die hier fraglich sind, einander gegenübergestellt werden.

---

[125] Siehe dazu: *Albert*, Probleme der Theoriebildung, Fußnote 7, S. 21, und Probleme der Wissenschaftslehre in der Sozialforschung, S. 50; *Hempel*, Fundamentals of Concept Formation in Empirical Science, S. 15. Siehe auch S. 118 dieser Arbeit.
[126] Siehe die dritte Frage auf S. 114 dieser Arbeit.
[127] Siehe Ziffer 32.03, S. 101 ff. dieser Arbeit.
[128] Siehe Ziffer 33.03, S. 107 f. dieser Arbeit.

Wer das Wesen der Versicherung essentialistisch auffaßt, denkt an einen Gegenstand, der sinnvoll nur so beschrieben (= definiert) werden kann, wie er wirklich ist. Das schließt aber notwendig ein, daß dieser Gegenstand unabhängig vom Forscher vorhanden ist, daß er in einer empirischen, erfahrbaren Welt existiert. Die Art dieser Existenz läßt sich generell nicht genauer bestimmen; die Meinungen gehen in diesem Punkte auseinander. *Platon*, der geistige Stammvater aller Essentialisten, glaubte, daß die allgemeinen Gegenstände — die „Formen", „Modelle" oder „Ideen" — ihren „Standort" außerhalb von Raum und Zeit haben. Und nur ihre unvollkommenen Kopien oder Abbilder bestehen in Raum und Zeit — auf der ersten Wissensstufe also — und geben so Kunde vom Original[129]. Andere gehen davon aus, daß sich die allgemeinen Gegenstände in den individuellen inkarnieren, daß sie — im wörtlichen Sinne — Anteil an ihnen haben. Ihre Wirklichkeit ist dann also identisch mit dem Vorliegen der wesentlichen Merkmale aller Gegenstände, die zu derselben Klasse gehören. Wie dem auch im einzelnen sei, die Wissenschaftler unseres Fachs haben sich zu diesen Details nicht geäußert und die Existenz des Gegenstandes Versicherung — getreu der Devise der Phänomenologen[130] — nicht beachtet. Man lasse sich dadurch aber nicht täuschen. Ihr Interesse ist auf „wirklich Bestehendes" gerichtet. Und *Innocenti M. Bocheński* spricht klar aus, daß „jeder Gegenstand letzten Endes existieren oder wenigstens in einem Existierenden begründet sein muß, um gegeben sein zu können"[131].

Auf der anderen Seite, beim logischen Positivismus, gibt es[132] den Gegenstand Versicherung ebenfalls: Er ist vorhanden in der intentionalen Beziehung der Sprache, d. h. als allgemeine Bedeutung, als Begriff; er tritt auf im Bewußtsein, und dort vielleicht ohne Unterschied zum intuitiven Einfall des Essentialisten (übereinstimmende Definitionen). Die Frage, an der sich die Geister scheiden, ist aber die, ob der Gegenstand Versicherung darüber hinaus „noch in anderer Weise existiert"[133], ob er im ontologischen Sinne wirklich besteht.

Logische Positivisten sehen keinen stichhaltigen Grund, die Frage zu bejahen. Denn ihre Hypothese zur Bildung von Begriffen knüpft nicht an Originale an, nach denen sich der Forscher zu richten hätte. Sie legen auch kein Kriterium fest, das von vornherein zuläßt, an den empirischen Gegenständen wesentliche und unwesentliche Eigenschaften

---

[129] Siehe *Popper*, Die offene Gesellschaft und ihre Feinde, Bd. I, S. 52 ff.
[130] Siehe Ziffer 32.01.2, S. 97 dieser Arbeit.
[131] *Bocheński*, Die zeitgenössischen Denkmethoden, S. 32.
[132] Zu den verschiedenen Bedeutungen des Ausdrucks „es gibt", die hier zu beachten sind, siehe *Freundlich*, Ziele und Methoden sprachlogischer Forschung, S. 7, und *Kraft*, Erkenntnislehre, S. 101.
[133] *Kraft*, Erkenntnislehre, S. 101.

zu unterscheiden. Sämtliche Merkmale sind insoweit gleichberechtigt. Ihre Auswahl für einen Begriff steht grundsätzlich frei. Eine Definition kann daher in keiner Hinsicht auf die Beschreibung oder Erkenntnis eines Gegenstandes abzielen. Vielleicht verwirrt aber, daß sie dennoch in irgendeiner Weise auf einzelne, wirkliche Gegenstände zutreffen kann, wie z. B. eine juristische Definition der Versicherung auf bestimmte Verträge. Dieser Zusammenhang beruht allein darauf, daß ein Zuordnungsproblem übereinstimmend gelöst wird. Wer die allgemeine Bedeutung eines Zeichens, also einen Begriff, erlernt hat, ist in der Lage, das Zeichen richtig zu verwenden, d. h. die Leerstellen des Begriffs richtig auszufüllen[134]. Ich kann also festhalten, daß die Annahme allgemeiner Gegenstände in der Sprache frei ist von der Notwendigkeit oder Zweckmäßigkeit, ihre Existenz auch außerhalb von Sprache und Bewußtsein zu unterstellen.

33.06 Die Perspektive der Begriffe

Die schöpferische Freiheit, die für die Bildung von Begriffen gilt, muß nicht zu einem Begriffschaos führen. Sie stützt keineswegs den Eindruck der Stunde, daß es sich bei den zahlreichen Definitionen des Versicherungsbegriffs um eine unauflösbare, unentscheidbare Ansammlung von (subjektiven) Meinungen handelt. Es ist zwar zuzugeben und zu betonen, daß die Lösung abseits von richtig und falsch liegt[135]. Aber es gibt einen festen Punkt, an dem der Hebel anzusetzen ist; es gibt ein Kriterium, nach dem sich Definitionen beurteilen lassen. Bevor wir diese Möglichkeit betrachten, ist es nützlich, einen besonderen Aspekt der Begriffsbildung noch einmal herauszustellen.

Wenn wir neue Begriffe anstreben und dazu unseren Geist auf die komplexe Wirklichkeit richten, nehmen wir jeweils besondere Standpunkte ein[136]. Wir wählen einen bestimmten Abstraktionsgesichtspunkt, der uns Ähnlichkeit(en), nämlich partielle Übereinstimmung(en), erschließt und so die Grundlage abgibt für einen allgemeinen Begriff[137]. Unser Geist bewältigt die Wirklichkeit also durch Abstraktion und Selektion. An dieser Stelle muß man einem möglichen Mißverständnis vorbeugen: Man darf nicht annehmen, daß es eine fortschreitende, additive Selektion gebe, die zu einer *vollständigen* Erfassung des

---

[134] Einzelheiten erörtert *Kraft*, Der Wiener Kreis, S. 38 ff.

[135] Siehe *Albert*, Probleme der Theoriebildung, S. 21, Fußnote 7, und *Hutchison*, Theoretische Ökonomie als Sprachsystem, S. 276.

[136] Vgl. die Darstellung bei *Bocheński*, die sehr anschaulich, aber wegen ihrer ontologischen Terminologie auch gefährlich ist (*Bocheński*, Die zeitgenössischen Denkmethoden, S. 26, und Wege zum philosophischen Denken, S. 59).

[137] Vgl. Ziffer 33.04.8, S. 114 ff. dieser Arbeit.

problematischen Gegenstandes führe[138]. Denn: 1. Es ist keine Grenze abzusehen, an der sich die menschliche Erfindungsgabe erschöpft und der Prozeß zu Ende kommt. Die „Entdeckung" aller Merkmale eines individuellen Gegenstandes bleibt daher immer unvollständig. 2. Jeder neue oder zusätzliche Standpunkt, den ein Beobachter bei stetiger Selektion einnimmt, führt nicht nur zu einem neuen oder zusätzlichen Merkmal, sondern zu einer anderen (= verschiedenen) Definition und damit zu einem anderen Begriff. Es ändert sich so mindestens der Inhalt des Begriffs und damit in aller Regel sein Umfang. Was auf den ersten Blick nach der vollständigen Erfassung eines Gegenstandes aussieht, erweist sich daher als fortlaufende Bildung neuer, anderer Begriffe. Man kann das Heil also nicht darin suchen, die Selektion zu überwinden, sondern nur darin, den Aspekt zu bestimmen, auf den es ankommt. Zu klären ist also die *Perspektive* der Selektion.

Mit dieser Frage — so scheint es — haben sich Versicherungswissenschaftler häufig beschäftigt. Unter den zwölf Autoren, deren Überlegungen wir nachgegangen sind, ist jedenfalls nur einer, der sich nicht ausdrücklich zur Perspektive seines Versicherungsbegriffs äußert *(Paul Riebesell)*[139]. Was die übrigen dazu sagen, läßt sich in folgenden Punkten zusammenfassen und beurteilen:

1. Die Perspektive der Begriffe wird vorwiegend auf dieselbe Weise festgelegt wie die Fachrichtung der Fakultäten. Der Gegenstand Versicherung interessiert die einen „vom wirthschaftlichen Standpunkte" *(Emanuel Herrmann* u. w.) und die anderen „im Rechtssinne" *(Hans Möller* u. w.). Mit solchen Attributen wird zwar die Richtung der Beobachtung grob angedeutet; es wird damit aber nicht ein Gesichtspunkt vorgewiesen, der die Begriffsbildung ausreichend bestimmt. Das negative Ergebnis dessen offenbart sich darin, daß es im Begriffsstreit der Versicherung auch bei „übereinstimmender" Perspektive nicht gelingt, die Differenz auseinanderfallender Begriffe rational aufzuklären. Der Mangel eines vagen Standpunktes trifft allerdings nicht zu auf *Walter Schmidt-Rimpler,* der sich auf die Perspektive festlegt, die dem Versicherungsvertragsgesetz zugrunde liegt.

2. Die Perspektive nimmt teil an dem Erkenntnisanspruch, der meistens mit der Definition eines Versicherungsbegriffs verbunden wird. Sie wird als verbindlich vorgestellt und repräsentiert eine Teilerkenntnis, die den Weg zu dem einen Versicherungsbegriff ebnen soll. Eine

---

[138] Auch diese Terminologie ist ontologisch; sie wird nur angeführt, um die Verwirrung zu beseitigen, die aus ihr resultiert.

[139] Siehe auch die Ansichten, die im Colloquium der Abteilung für Verslehre verkündet worden sind und an dieser Stelle nicht wiederholt werden (Ziffer 12.02, S. 17 ff. dieser Arbeit).

solche Haltung steht nicht im Einklang mit der grundsätzlichen Freiheit der Begriffsbildung, die in den beiden vorherigen Abschnitten erarbeitet worden ist und die nicht preisgegeben werden kann. Es geht daher nicht um die Ausschließlichkeit einer Perspektive — wie viele Versicherungswissenschaftler glauben —, sondern um Argumente, die für die Festsetzung einer bestimmten Perspektive werben[140].

Man findet solche Argumente, wenn man den Zusammenhang bedenkt, in dem Begriffe verwendet werden. In einer Versicherungswissenschaft z. B., die als theoretische Realwissenschaft betrieben werden soll[141], ergeben sich folgende Beziehungen: Begriffe werden nach den syntaktischen und semantischen Regeln der Sprache zusammengefügt zu Aussagen, und zwar zu (grundlegenden) Hypothesen und (abgeleiteten) Theoremen. Die Definitionen der Begriffe, die einer Metasprache angehören, sind Festlegungen oder Vereinbarungen, die keine empirische Information enthalten; die Aussagen dagegen sind Bestandteile der Objektsprache, sie sind auf die Beschreibung und Erklärung der Wirklichkeit angelegt und daher an der Wirklichkeit prüfbar[142].

Auf diesem Hintergrund läßt sich nun folgende allgemeine Regel aufstellen: Die Perspektive, die zur Bildung eines bestimmten Begriffs führt, ist danach zu beurteilen, wie dieser Begriff seiner instrumentalen Rolle im System der Wissenschaft gerecht wird. Mit anderen Worten: Die Perspektive legitimiert sich dadurch, daß sie einen zweckmäßigen, brauchbaren, fruchtbaren Begriff schafft[143]. Ihre Güte wird daher in einem Akt mit den Aussagen getestet. Wenn und solange sich Aussagen bewähren, sind auch die Perspektiven erheblich, die ihre wichtigen Begriffe geformt haben. Der Wert einer Perspektive und damit eines Begriffs steht also nicht von vornherein fest, sondern erweist sich nachträglich durch die Qualität der Aussage(n), die sie ermöglichen.

Wir finden den Richtigkeitsgrund eines Begriffs also darin, was er für die wissenschaftliche Praxis leistet. Der gute Begriff zeigt sich wie der gute Baum im Gleichnis des Neuen Testamentes: „An ihren

---

140 *Popper*, Logik der Forschung, S. 12.
141 Der Forscher ist grundsätzlich frei, welches Ziel er seiner Wissenschaft setzt. Siehe *Popper*, Die Zielsetzung der Erfahrungswissenschaft, S. 73.
142 Zum logischen Charakter neopositivistischer Theorien siehe insbesondere *Albert*, Probleme der Theoriebildung, S. 19 ff.
143 *Albert*, Modell-Platonismus, S. 75; *Albert*, Die Problematik der ökonomischen Perspektive, S. 440; *Albert*, Probleme der Theoriebildung, S. 22 und 46; *Hempel*, Fundamentals of Concept Formation in Empirical Science, S. 20; *Juhos*, Welche begrifflichen Formen stehen der empirischen Beschreibung zur Verfügung, S. 110 f.

Früchten ... sollt ihr sie erkennen[144]." Versicherungsbegriffe sind davon nicht ausgenommen. Wenn man nun aber auf die Auseinandersetzung um den Versicherungsbegriff zurückblickt, fällt auf, daß die Versicherungswissenschaftler ihre (wirkliche) Perspektive (fast) nie aus einer derartigen Fruchtbarkeit rechtfertigen. Dieses Symptom ist eindeutig und kennzeichnet selbst solche Fälle, in denen die methodische Grundlage sonst nicht faßbar ist: Es bringt zum Vorschein, wie fern diese Autoren den wissenschaftlichen Spielregeln des logischen Positivismus stehen. Das gilt nicht für *Walter Schmidt-Rimpler*. Als einziger im Kreise der hier vertretenen Autoren hat er die Perspektive seines Versicherungsbegriffs *präzise* bestimmt und *modern* begründet. Die Einzelheiten können in dieser Arbeit[145] und in den zitierten Veröffentlichungen nachgelesen werden. Sie ergeben, daß *Walter Schmidt-Rimpler* in diesem Punkte mit der neuen Richtung der Wissenschaftstheorie völlig übereinstimmt. An dieser Stelle mögen das folgende Formulierungen belegen: Seine Perspektive folgt aus dem „Problem, für welches der Begriff gebildet wird"[146]. Und *Paul K. Feyerabend* bietet die Parallele der Neopositivisten mit den Worten an, „daß der Gegenstand der Beobachtung von dem Problem abhängt, das vorliegt"[147].

---

[144] *Matthäus*, Das heilige Evangelium Jesu Christi, 7, 20. — Man beachte, daß auch Essentialisten diesem Kriterium zustimmen können, wenn man es aus dem Zusammenhang mit der Freiheit der Begriffsbildung und der notwendigen Bewährung wissenschaftlicher Aussagen herauslöst. Sie suchen ebenfalls fruchtbare Begriffe, allerdings in dem Sinne, daß die Aussagen der Wissenschaft daraus *ableitbar* und *deswegen* richtig sind (vgl. Ziffer 32.01.1, S. 94 ff.
[145] Siehe Ziffer 22.07, S. 54 ff. dieser Arbeit.
[146] *Schmidt-Rimpler*, Zur Gesetzgebungstechnik, S. 78.
[147] *Feyerabend*, Das Problem der Existenz theoretischer Entitäten, S. 39.

> „Wie wenige derer, die Begriffsbildungen vornehmen und ständig neue Formulierungen und Begriffsverbesserungen anstreben, sind sich über die Grundlagen der Begriffslehre selbst im klaren!"
>
> (*Walter Rohrbeck*, Kritik der sog. Thünen-Ehrenbergschen Forschungsmethode)

4 Ergebnis

In den bisherigen Arbeiten über das Wesen der Versicherung haben die Autoren fast durchweg einen bestimmten Versicherungsbegriff erörtert, zu dem sie sich bekannt haben. Ich möchte diese Tradition nicht fortsetzen, sondern mit den voraufgegangenen Überlegungen schließen. Damit werden gewiß manche in ihren Erwartungen enttäuscht, so daß ich meinen Entschluß zunächst begründen werde:

1. Wenn man von einer kritischen Position her die zahllosen Bemühungen um den Versicherungsbegriff analysiert — wie hier im zweiten Kapitel —, ergibt sich folgendes Bild: Die Forscher ringen seit eh und je mit dem Problem des Versicherungsbegriffs und lassen in ihrer Mehrheit nichts unversucht, „zu dem beruhigenden Ergebnis einer herrschenden" Definition zu gelangen[1]. Zu diesem Zweck werden immer neue Begriffsbestimmungen in Umlauf gesetzt und mit einer beispiellosen Selbstverständlichkeit und Ausschließlichkeit als letzte Erkenntnisse ausgegeben. Argumente, die vor dem kritischen Geist bestehen können, kommen dabei zu kurz. Diese Haltung ist bedenklich und hemmt den wissenschaftlichen Fortschritt. Es ist daher an der Zeit, eine solche Praxis in Frage zu stellen und rationale Aspekte zu suchen und vorzuweisen, die ein fruchtbares Gespräch über Versicherungsbegriffe ermöglichen (und nicht nur einen nutzlosen Streit). Ich finde solche Aspekte in den Schriften der Neopositivisten. Unter diesen Umständen sehe ich mein Ziel in der Hauptsache darin, das logische Instrumentarium der Begriffe aus diesen Schriften zusammenzustellen, verständlich zu machen und seine Konsequenzen für die Begriffsforschung der Versicherungswissenschaft zu erläutern. Die logische Grundlage *aller* Versicherungsbegriffe ist das eigentliche Problem, nicht aber der (erhoffte) Inhalt *eines* bestimmten Begriffs.

---

[1] *Schmidt-Rimpler*, Über einige Grundbegriffe des Privatversrechts, S. 1211.

2. Ich räume zwar ein, daß die Anwendung dieses Instrumentariums auf einen konkreten Fall anschaulich und lehrreich sein kann und insoweit empfehlenswert ist. Die Beziehungen aber, die zwischen einem zentralen Begriff bestehen und den Aussagen, in denen er vorkommt, machen es nötig, auf die Aussagen selbst einzugehen. Das wird insbesondere für wirtschaftstheoretische Aussagensysteme zu umfangreichen Voruntersuchungen führen, die an meinem Ziel weit vorbeigehen und daher speziellen Arbeiten vorbehalten werden sollen. Im übrigen ist *Walter Schmidt-Rimpler* in diesem Punkte mit gutem Beispiel vorangegangen. Er hat zwar auf allgemeine methodologische Erwägungen verzichtet, dafür aber die Bildung eines Versicherungsbegriffs in ihren einzelnen Phasen demonstriert und mit einem Verfahren begründet, das der modernen Wissenschaftstheorie angemessen ist. Ich verweise daher auf seinen instruktiven Aufsatz „Über einige Grundbegriffe des Privatversicherungsrechts" aus dem Jahre 1931. Ob der Versicherungsbegriff, der darin vorgeschlagen wird, wirklich zweckmäßig ist, bleibt damit offen. Die Antwort kann den Juristen überlassen werden.

3. Ein weiterer Gesichtspunkt, der nur untergeordnete Bedeutung hat, läuft gleichsam auf Schadenverhütung hinaus. Es ist nun einmal so, daß die Antennen der meisten Versicherungswissenschaftler auf den einen, allgemeinen Versicherungsbegriff eingestellt sind. Sie haben daher ignoriert, was *Walter Schmidt-Rimpler* über sein anderes Ziel und über seine andere Methode klargestellt hat. Seinen Versicherungsbegriff aber haben sie als Beitrag zu *ihrem* Problem aufgefaßt und als dessen Lösung abgelehnt[2]. Dieses Mißverständnis ist ausgeschlossen, wenn es sich in dieser Arbeit erübrigt, einen neuen Versicherungsbegriff zu bilden oder einen alten gutzuheißen.

Ich fasse nun in einer Aufzählung zusammen, was sich im einzelnen über das Wesen der Versicherung ergeben hat:

1. Der Deutsche Verein für Versicherungswissenschaft hat sich 1962 dazu entschlossen, den umstrittenen Versicherungsbegriff zu erforschen. Die Beratungen und Erörterungen haben sich über fünf Jahre erstreckt und sind 1966 mit der „Annahme" eines Begriffs zu Ende gegangen. Die grundlegenden Fragen sind bei diesem Versuch offengeblieben; den Überlegungen fehlt wissenschaftliche Strenge. Begriff und Wesen der Versicherung sind danach ebenso problematisch wie vorher.

---

[2] Siehe z. B. *Haubrichs*, Über den Begriff der Vers., S. 144 f. u. S. 146.

2. Wenn man im Sinne einer rationalen Diskussion zunächst ermitteln will, „was andere über das vorliegende Problem gedacht und gesagt haben"[3], erscheinen insbesondere folgende Fragen sinnvoll:

   a) Welche Lösungen werden von den Forschern bereits angeboten? Wie definieren sie das Wesen der Versicherung?

   b) Verfolgen sie im Falle unterschiedlicher Definitionen dasselbe Ziel? Was meinen sie, wenn sie davon reden, Begriff und Wesen der Versicherung zu klären?

   c) Auf welche Richtigkeitsgründe stützen sie ihre Aussagen? Welche Kriterien legen sie der Geltung ihrer Definitionen zugrunde?

3. Die Literatur enthält eine große Anzahl ernstgemeinter Lösungen, die mehr oder weniger voneinander abweichen und gegeneinander ausgespielt werden. Zwölf Beispiele — ausgesucht aus einer Flut von Meinungen — zeigen, wie uneins die Forscher über die Merkmale des Versicherungsbegriffs sind.

4. Über das Ziel der Begriffsforschung machen sich die Beteiligten keine besonderen Gedanken. Sie gehen ohne weiteres davon aus, daß sie ein echtes Problem vor sich haben und nicht nur ein Scheinproblem, für das eine Lösung weder möglich noch nötig ist. Sie nehmen auch ohne weiteres an, daß sie dasselbe Ziel anstreben, und zwar ohne Rücksicht auf verschiedene Perspektiven und vage Umschreibungen. Was sie suchen, soll irgendwie vorhanden und dem Wissenschaftler zugänglich sein. Ein Außenseiter allerdings (*Walter Schmidt-Rimpler*) bestimmt sein Ziel vorübergehend klar und eindeutig: er trachtet nur nach einem Versicherungsbegriff, durch den festgelegt werden soll, wann das Versicherungsvertragsgesetz anzuwenden ist.

5. Obwohl alle Forscher für die Geltung ihrer eigenen Definition eintreten und andere Definitionen verwerfen, enttäuscht ihre Beweisführung in den meisten Fällen. Sie ist mehr oder weniger unvollständig und stützt sich nicht auf prüfbare, zwingende, rationale Argumente. Zwei Autoren aber begründen ihre Aussagen ausführlich und allgemein, indem sie die Verfahren schildern, aus denen ihre Resultate hervorgehen. Bei *Adolph Wagner* ist das die sogenannte Methode der Politischen Ökonomie, bei *Walter Schmidt-Rimpler* die der Rechtswissenschaft.

6. Die entscheidende Voraussetzung für eine Überwindung des bisherigen Begriffsstreites besteht darin, das Kriterium zu klären, an dem die Richtigkeit eines Versicherungsbegriffs geprüft werden

---

[3] *Popper*, Logik der Forschung, S. XVIII.

kann. Das Beispiel zweier Autoren weist auf Methoden hin, die wissenschaftliche Ergebnisse rechtfertigen sollen. Es weist darüber hinaus auf die Methodologie oder Erkenntnislehre, in der Rolle und Charakter wissenschaftlicher Methoden untersucht werden.

7. Moderne Wissenschaftstheoretiker weisen nach, daß die Erkenntnislehre in einen unendlichen Regreß gerät, wenn sie eine Methode als Quelle absoluter Wahrheit oder Richtigkeit auszeichnen will. Die neue Richtung der Erkenntnislehre befaßt sich daher mit Methoden, die grundsätzlich frei festgesetzt werden können und auf das (erreichbare) Ziel der Forschung ausgerichtet werden sollen. Auch für die Versicherungswissenschaft folgt daraus, daß man sich zunächst für ein (klares) Ziel entscheiden muß und dann für eine Methode, die diesem Ziel gemäß ist. Ein Geltungsanspruch läßt sich daher nur unter Berufung auf eine Methode vertreten, die man offenlegen muß.

8. Eine solche Methode ist der Essentialismus. Seine Anhänger sehen die erste und wichtigste Aufgabe der Wissenschaft darin, das Wesen der Gegenstände, z. B. der Versicherung, zu erkennen und in einer Begriffsbestimmung oder Realdefinition zu beschreiben. Das Wesen besteht für sie in den „notwendigen und daher wesentlichen Eigenschaften" der Gegenstände. Es wird vom Forscher durch eine Intuition oder Wesensschau erfaßt, für die es positive und negative Verhaltensvorschriften gibt. Die Wesensaussagen sind unentbehrlich für den Aufbau einer Theorie, der sie als Axiome oder Prämissen zugrunde gelegt werden.

9. Der Essentialismus beeinflußt die Begriffsforschung der Versicherungswissenschaft in starkem Maße. Das ist ganz offenkundig bei *Adolph Wagner*. Bei anderen Autoren, die ihre Methode nicht ausdrücklich bekennen, sind die Anhaltspunkte weniger vollständig und eindeutig. Sie zeigen dennoch in den meisten Fällen unverkennbare Züge des Essentialismus, und zwar auch bei *Alfred Manes* und beim Colloquium des Deutschen Vereins für Versicherungswissenschaft.

10. Die essentialistische Wesensschau hat erhebliche Mängel und ist deswegen für die Rechtfertigung eines Versicherungsbegriffs ungeeignet: Sie ist auf absolut wahre oder richtige Erkenntnis angelegt und verfolgt damit ein irreales Ziel; sie hat keinen „öffentlichen Charakter", da sie keine objektive Entscheidung ermöglicht, sondern nur eine Anhäufung subjektiver Meinungen; sie scheitert daran, daß jede Definition und Definitionskette, die ausschließlich essentialistisch zustande kommt, unvollständig und daher ohne informativen Gehalt bleibt.

11. Frei von diesen Schwächen ist die Methode der logischen Positivisten. Begriffe kommen in ihren Theorien nur als Bestandteile der Hypothesen und Theoreme vor; ihren Definitionen wird keine empirische Aussagekraft unterstellt. Was es mit dem logischen Charakter der Begriffe genauer auf sich hat, ist durch die neopositivistische Sprachanalyse geklärt worden und bildet die Grundlage für die Begriffsarbeit auch der Versicherungswissenschaft.

12. Alle Begriffe sind Produkte unseres Geistes; sie resultieren aus einem freien, schöpferischen Akt. Dieser setzt immer voraus, daß wir mehrere Sachverhalte gedanklich einander gegenüberstellen. Indem wir sie vergleichen, mag uns ein bestimmter Aspekt, ein „identische(r) Abstraktionsgesichtspunkt" (intuitiv) dazu führen, an dem einen Sachverhalt eine (bisher nicht gekannte) Beschaffenheit in ihrer Übereinstimmung mit der des anderen Sachverhaltes zu sehen. Wenn wir diese partielle Übereinstimmung, diese neue Beschaffenheit, von den Sachverhalten abstrahieren und allgemein und selbständig erfassen, ist ein neuer Begriff geboren. Wir können ihm den Namen Versicherung geben und haben so einen neuen Versicherungsbegriff gebildet.

13. Der neue Versicherungsbegriff kommt zunächst im Erlebnis eines einzelnen Subjektes zustande, nämlich im Bewußtsein seines Urhebers. Im Falle einer ausreichend entwickelten Sprache kann der Begriff ohne weiteres objektiviert werden: Man legt seinen Inhalt fest, indem man den neuen Begriff durch andere bekannte Begriffe (Merkmale) beschreibt (= verbale Definition). Das schließt keinen unendlichen Regreß ein, da die Grundbegriffe einer Sprache durch „Vorweisen" objektiviert werden können (= hinweisende Definition). Dazu ist es nötig, Sachverhalte so vorzuführen, daß andere daran einen gleichgerichteten Abstraktionsprozeß vollziehen.

14. Solange wir einen Begriff Versicherung nicht haben, gibt es in der empirischen Welt keine Versicherungen. Dem steht nicht entgegen, daß der Inhalt eines bestimmten Versicherungsbegriffs — nachdem er gebildet worden ist — auf empirische Sachverhalte zutrifft. Eine solche Formulierung bedeutet logisch, daß die Sachverhalte im Umfang des Begriffs auftreten, daß sie in die Leerstellen des Begriffs passen. Wer daher behauptet, daß irgend etwas wirklich Versicherung ist, stellt lediglich fest, daß das Zeichen Versicherung in diesem Falle nach den semantischen Regeln seiner Sprache richtig verwandt wird.

15. Das Zeichen Versicherung steht für einen allgemeinen Gegenstand, für einen Begriff, der in der intentionalen Beziehung der Sprache und in unserem Bewußtsein vorhanden ist. Es gibt aber keinen

stichhaltigen Grund für die Annahme, daß er darüber hinaus in einem ontologischen Sinne wirklich besteht. Das Wesen der Versicherung als „Realitätsgehalt" der Gegenstände, als ihre „Essenz", ihre „wahre Natur" oder dergleichen ist damit fraglich[4] und existiert nicht in der Reichweite der neopositivistischen Methode.

16. Die schöpferische Freiheit, die für die Bildung von Versicherungsbegriffen gilt, hebt eine rationale Diskussion über die Merkmale eines bestimmten Begriffs nicht auf. Begriffe sind „Denkinstrumente", mit denen wir unsere Umwelt geistig bewältigen wollen. Sie sind danach zu beurteilen, wie sie dieser Rolle im System der Wissenschaft gerecht werden. Die Richtigkeit eines Versicherungsbegriffs ist damit eine Frage seiner Fruchtbarkeit für die versicherungswissenschaftliche Praxis.

17. Mit diesen Lehren der Neopositivisten stimmt die frühe Begriffsarbeit von *Walter Schmidt-Rimpler* weitgehend überein. Sein Beitrag zur Begriffsforschung der Versicherungswissenschaft ist aber trotz sorgfältiger und beispielhafter Analyse nicht auf fruchtbaren Boden gefallen. In der Literatur spricht man allenfalls von seinem Begriff, nicht aber von seiner Methode.

18. Die übrigen Beiträge zum problematischen Versicherungsbegriff liegen abseits der Ergebnisse, die die Sprachanalytiker in den letzten Jahrzehnten vorgelegt haben. Sie sind zwar reich an Ideen, aber sie entbehren einer Methode, die offen vorgewiesen wird *und* die Auseinandersetzung auf eine Ebene kritischen Denkens emporhebt. Dieser Mangel ist die Ursache für den unergiebigen und hartnäckigen Begriffsstreit der Versicherungswissenschaft. Ihn zu überwinden, ist die unerläßliche Voraussetzung für einen Fortschritt in diesem Punkte.

19. Ein Begriff, der außerhalb eines Aussagensystems steht, erlaubt keine Schlußfolgerungen, die ein sachliches Problem betreffen. Von diesem Mißgeschick war der Deutsche Verein für Versicherungswissenschaft betroffen, als er die Frage einer zweckmäßigen Gestaltung der Sozialversicherung aufgriff und ihre versicherungsmäßigen und nicht-versicherungsmäßigen Elemente ermittelt hat. Eine derartige Beurteilung der Sozialversicherung ist nutzlos, weil die verwandten Begriffe keine Verbindung zu irgendwelchen erheblichen Aussagen vermitteln.

20. Man kann den Versicherungswissenschaftlern die Methode der Neopositivisten empfehlen, man kann sie ihnen jedoch nicht vorschreiben. Es ist Sache eines jeden Forschers, das Ziel und die Methode

---

[4] Wenn auch nicht mehr fragwürdig im positiven Sinne des Wortes.

seiner Wissenschaft zu bestimmen. Wissenschaftliche Verfahren sind dennoch kein Tabu für die Kritik. Sie sind nach dem Zweck zu beurteilen, dem sie dienen sollen, und insoweit ebenfalls einer rationalen Erörterung zugänglich. In dieser Hinsicht haben sich die Spielregeln der logischen Positivisten bisher besser bewährt als andere.

Literaturverzeichnis

Adjukiewicz, Kazimierz: Abriß der Logik. Berlin 1958

Albert, Hans: Der moderne Methodenstreit und die Grenzen des Methodenpluralismus. In: Jahrbuch für Sozialwissenschaft. Bd. 13. Göttingen 1962, S. 143—169

— Modell-Platonismus. Der neoklassische Stil des ökonomischen Denkens in kritischer Beleuchtung. In: Sozialwissenschaft und Gesellschaftsgestaltung. Festschrift für Gerhard Weisser. Herausgegeben von Friedrich Karrenberg und Hans Albert. Berlin 1963, S. 45—76

— Die Problematik der ökonomischen Perspektive. In: Zeitschrift für die gesamte Staatswissenschaft. 117. Bd., Tübingen 1961, S. 439—467

— Probleme der Theoriebildung. Entwicklung, Struktur und Anwendung sozialwissenschaftlicher Theorien. In: Albert, Hans (Herausgeber): Theorie und Realität, S. 3—70

— Probleme der Wissenschaftslehre in der Sozialforschung. In: Handbuch der Empirischen Sozialforschung. Herausgegeben von René König unter Mitwirkung von Heinz Maus. I. Bd. Stuttgart 1962, S. 38—63

— Theorie und Prognose in den Sozialwissenschaften. In: Topitsch, Ernst: Logik der Sozialwissenschaften, S. 126—143

— (Herausgeber): Theorie und Realität. Ausgewählte Aufsätze zur Wissenschaftslehre der Sozialwissenschaften. Tübingen 1964. (Die Einheit der Gesellschaftswissenschaften. Studien in den Grenzbereichen der Wirtschafts- und Sozialwissenschaften. Bd. 2)

— Wertfreiheit als methodisches Prinzip. Zur Frage der Notwendigkeit einer normativen Sozialwissenschaft. In: Topitsch, Ernst: Logik der Sozialwissenschaften, S. 181—210

Austeda, Franz: Zur Eigenart und Typik der philosophischen Begriffsbildung. Eine erkenntniskritische Analyse. In: Topitsch, Ernst: Probleme der Wissenschaftstheorie, S. 73—100

von *Beckerath*, Erwin, Norbert *Kloten* und Helmut *Kuhn:* Wirtschaftswissenschaft: Methodenlehre. In: Handwörterbuch der Sozialwissenschaften. 12. Bd. Stuttgart—Tübingen—Göttingen, S. 288—328

Bloomfield, Leonard: Linguistic of Science. Eighth Impression. Chicago & London 1962

Bocheński, Innocenti M.: Die zeitgenössischen Denkmethoden. 3. Aufl. Bern und München 1965

— Wege zum philosophischen Denken. Freiburg—Basel—Wien 1961

Bocheński, Innocenti M. und Albert *Menne:* Grundriß der Logistik. 3. Aufl. Paderborn 1965

von *Böhm-Bawerk*, Eugen: Kapital und Kapitalzins. Bd. II: Positive Theorie des Kapitales. 4. Aufl. Jena 1921

Braeß, Paul: Prämiengerechtigkeit aus wirtschaftswissenschaftlicher Sicht. In: VersArch. Berlin 1958, S. 257—268
— Zum Problem der „gleichartigen Bedrohung" im Sinne der Versicherungsdefinition von Alfred Manes. In: ZVersWiss. Berlin 1963, S. 313—317
— Versicherung und Risiko. Wiesbaden 1960. (Die Wirtschaftswissenschaften. 25. Lieferung. Reihe B [Volkswirtschaftslehre]. Beitrag Nr. 25)
— Wesen und Grenzen der „gerechten Prämie". In: ZVersWiss. Berlin 1939, S. 35—46.

Bruck, Ernst und Hans *Möller:* Kommentar zum Versicherungsvertragsgesetz und zu den Allgemeinen Versicherungsbedingungen unter Einschluß des Versicherungsvermittlerrechts. 8. Aufl. Berlin 1953 ff.

Carnap, Rudolf: Einführung in die symbolische Logik mit besonderer Berücksichtigung ihrer Anwendungen. 2. Aufl. Wien 1960
— Logical Foundations of the Unity of Science. In: Neurath, Niels u. a.: Encyclopedia and Unified Science. Sixth Impression. Chicago & London 1965, S. 42—62

Dahrendorf, Ralf: Pfade aus Utopia. Zu einer Neuorientierung der soziologischen Analyse. In: Albert, Hans (Herausgeber): Theorie und Realität, S. 331—350

Dewey, John: Unity of Science as a Social Problem. In: Neurath, Niels u. a.: Encyclopedia and Unified Science. Sixth Impression. Chicago & London 1965, S. 29—38

Elster, Ludwig: Die Lebensversicherung in Deutschland. Ihre volkswirtschaftliche Bedeutung und die Notwendigkeit ihrer gesetzlichen Regelung. Jena 1880

Eucken, Walter: Die Grundlagen der Nationalökonomie. 7. Aufl. Berlin—Göttingen—Heidelberg 1959

Farny, Dieter: Produktions- und Kostentheorie der Versicherung. Karlsruhe 1965. (Veröffentlichungen des Deutschen Vereins für Versicherungswissenschaft. Heft 72)
— Die Versicherungsmärkte. Eine Studie über die Versicherungsmarkttheorie. (Schriftenreihe des Instituts für Versicherungswissenschaft an der Universität Köln. Neue Folge Heft 17)

Feyerabend, Paul K.: Das Problem der Existenz theoretischer Entitäten. In: Topitsch, Ernst: Probleme der Wissenschaftstheorie, S. 35—72

Fischer, Guido: Die Betriebsprüfung. Bd. 1. Allgemeine Betriebswirtschaftslehre. 9. Aufl. Heidelberg 1964

Freundlich, Rudolf: Ziele und Methoden sprachlogischer Forschung. Vorfragen zu einer Theorie der Wissenschaftstheorie. In: Topitsch, Ernst: Probleme der Wissenschaftstheorie, S. 1—33

Frey, Emil: Die VersWirtschaft der Welt — global betrachtet. In: VW. Karlsruhe 1966, S. 10—16 und S. 91—94

Frey, Gerhard: Gesetz und Entwicklung in der Natur. Hamburg 1958

Glöckner, Peter-Heinrich: Das Finden von Begriffen. Eine erkenntniskritischlogische Untersuchung unter besonderer Berücksichtigung der Wirtschaftswissenschaften. Stuttgart 1963

Gobbi, Ulysses: Die Theorie der Versicherung begründet auf den Begriff der eventuellen Bedürfnisse. In: Zeitschrift für Versicherungs-Recht und -Wissenschaft. Internationales Organ für das gesamte Versicherungswesen. Bd. II. Leipzig 1896, S. 465—476. Bd. III. Strassburg i. E. 1897, S. 246 bis 262

Gutenberg, Erich: Zum „Methodenstreit". In: Zeitschrift für handelswissenschaftliche Forschung. Köln und Opladen 1953, S. 327—355

Haubrichs, Werner: Über den Begriff der Versicherung. Wiso-Diss. Köln 1955.

Hax, Karl: Die Betriebsunterbrechungsversicherung. Betriebswirtschaftliche Grundlagen und versicherungstechnische Gestaltung. 1. Aufl. Köln und Opladen 1949

— Grundlagen der Betriebsunterbrechungsversicherung. 2. Aufl. Köln und Opladen 1965

— Grundlagen des Versicherungswesens. (Schriftenreihe „Die Versicherung". Bd. 1)

— Kapitalanlage-Politik der Lebensversicherungs-Unternehmungen im Hinblick auf das Problem der wertbeständigen Versicherung. In: Beiträge zur Versicherungswissenschaft. Festgabe für Walter Rohrbeck zum 70. Geburtstage. Herausgegeben von Hans Möller. Berlin 1955, S. 147—167

— Art. Versicherung. In: Handwörterbuch der Betriebswirtschaft. 3. Aufl. Bd. IV. Stuttgart 1962, Sp. 5841—5851

— Versicherungswesen. In: Handbuch der Wirtschaftswissenschaften. Herausgegeben von Karl Hax und Theodor Wessels. 1. Aufl. Bd. II. Volkswirtschaft. Köln und Opladen 1959, S. 1367—1403

— Versicherungswesen. In: Handbuch der Wirtschaftswissenschaften. Herausgegeben von Karl Hax und Theodor Wessels. 2. Aufl. Bd. II. Volkswirtschaft. Köln und Opladen 1966, S. 467—505

— Wesen, Bedeutung und Gliederung der Versicherung. In: Versicherungswirtschaftliches Studienwerk. Herausgegeben von Walter Grosse, Heinz Leo Müller-Lutz, Reimer Schmidt. Wiesbaden 1962—1964. Studienplan B I 1, S. 1—50 und B I 2, S. 1—54

Heisenberg, Werner: Sprache und Wirklichkeit in der modernen Physik. In: Sprache und Wirklichkeit. Essays. München 1967, S. 20—43

Hellner, Jan: Rezension zu: Bruck-Möller, Kommentar zum Versicherungsvertragsgesetz ..., 1. Lieferung, ..., 2. Lieferung, ... In: VersArch. Berlin 1957, S. 112—117

— Rezension zu: Bruck-Möller, Kommentar zum Versicherungsvertragsgesetz ..., Bd. II, 1. Lieferung ... In: ZVersWiss. Berlin 1966, S. 600—608

Helpenstein, Franz: Theorie der Versicherung: Privat- und Sozialversicherung. Ein Beitrag zur Theorie des Bedürfnisses und der Versicherung. In: Das Versicherungsarchiv. Monatsblätter für private und öffentliche Versicherung. Wien Jg. 1930/31, Heft Nr. 5, S. 1—34 und Heft Nr. 6, S. 55—78

Hempel, Carl G.: Fundamentals of Concept Formation in Empirical Science. Seventh Impression. Chicago & London 1964.

Herrmann, Emanuel: Technische Fragen und Probleme der modernen Volkswirtschaft. Studien zu einem System der reinen und ökonomischen Technik. Leipzig 1891

Herrmann, Emanuel: Die Theorie der Versicherung vom wirthschaftlichen Standpunkte. 3. Aufl. Wien 1897

Hessen, Johannes: Lehrbuch der Philosophie. 3. Aufl. Bd. 1: Wissenschaftslehre. München und Basel 1964

Huelsse, Friedrich: Versicherung und Wirtschaft. Eine Untersuchung über den Begriff der Versicherung in der Volkswirtschaftslehre. Phil. Diss. Halle a. d. Saale 1914

Hupka, Joseph: Der Begriff des Versicherungsvertrags. In: Zeitschrift für das Gesamte Handelsrecht und Konkursrecht. 66. Band. (Dritte Folge. Siebenter Band). Stuttgart 1910, S. 546—588

Hutchison, Terence W.: Theoretische Ökonomie als Sprachsystem. In: Albert, Hans: Theorie und Realität, S. 273—285

Innami, Hirokichi: Das Äquivalenzprinzip in der Versicherungswirtschaft. In: ZVersWiss. Berlin 1966, S. 17—30.

Jantz, Kurt: Probleme der Sozialversicherung innerhalb der Versicherungswissenschaft. Zugleich eine Betrachtung zu den Aufgaben der Abteilung für Sozialversicherung im Deutschen Verein für Versicherungswissenschaft. In: ZVersWiss. Berlin 1962, S. 77—88

Jaspers, Karl: Einführung in die Philosophie. München 1963

Juhos, Béla: Welche begrifflichen Formen stehen der empirischen Beschreibung zur Verfügung? In: Topitsch, Ernst: Probleme der Wissenschaftstheorie, S. 101—158

Karten, Walter: Grundlagen eines risikogerechten Schwankungsfonds für Versicherungsunternehmen. Berlin 1966. (Schriftenreihe des Instituts für Versicherungswissenschaft an der Universität Köln. Neue Folge Heft 20)

Klaus, Georg: Spezielle Erkenntnistheorie. Prinzipien der wissenschaftlichen Theorienbildung. Berlin 1965

Kraft, Victor: Erkenntnislehre. Wien 1960

— Geschichtsforschung als strenge Wissenschaft. In: Topitsch, Ernst: Logik der Sozialwissenschaften, S. 72—82

— Die Grundformen der wissenschaftlichen Methoden. Wien und Leipzig 1927. (Akademie der Wissenschaften in Wien. Philosophisch-historische Klasse. Sitzungsberichte. 203. Bd. 3. Abhandlung)

— Der Wiener Kreis. Der Ursprung des Neopositivismus. Ein Kapitel der jüngsten Philosophiegeschichte. Wien 1950

Krosta, Bernhard: Über den Begriff Versicherung und zu den Möglichkeiten der wirtschaftlichen Entwicklungsformen des privaten Versicherungswesens in Deutschland. Berlin 1911

Langkeit, Herbert: Zum Problem des Versicherungsfalles in der Sozialversicherung und in der Individualversicherung. In: ZVersWiss. Berlin 1966, S. 31—52

Lazarsfeld, Paul F.: Wissenschaftslogik und empirische Sozialforschung. In: Topitsch, Ernst: Logik der Sozialwissenschaften, S. 37—49

Leinfellner, Werner: Die Entstehung der Theorie. Eine Analyse des kritischen Denkens in der Antike. Freiburg i. Br. und München 1966

Lobscheid, Hans Gert: Ansätze für eine einheitliche Versicherungswissenschaft. In: DVZ. Berlin, Bielefeld, München 1964, S. 106—107

Lobscheid, Hans Gert: Versicherung als Begriff. In: DVZ. Berlin, Bielefeld, München 1957, S. 57—58
— Versicherung in wirtschaftstheoretischer Betrachtung. Berlin 1959. (Versicherungsstudien. Veröffentlichungen der Kölner Versicherungswissenschaftlichen Vereinigung e.V. Heft 2)
— Versicherung meint Sicherheit. Gedanken zur Begriffsbestimmung. In: DVZ. Berlin, Bielefeld, München 1966, S. 280—282
— Theoretische und angewandte Versicherungswissenschaft. In: VersArch. Berlin 1959, S. 413—446
— Zur Wissenschaft von der Versicherung. In: Beiträge zur Versicherungswissenschaft. Festgabe für Walter Rohrbeck zum 70. Geburtstage. Herausgegeben von Hans Möller. Berlin 1955, S. 193—205

Lobscheid, Hans Gert und Walter *Rohrbeck:* Entwicklung und Stand der Versicherungswissenschaft in Deutschland. In: Die Versicherungsrundschau. Fachzeitschrift für Sozial- und Vertragsversicherung. Wien 1956, S. 193—210

Mahr, Werner: Einführung in die Versicherungswirtschaft. Allgemeine Versicherungslehre. 1. Aufl. Berlin 1951. 2. Aufl. Berlin 1964

Manes, Alfred: Art. Begriff. In: Manes, Alfred (Herausgeber): Versicherungslexikon. 3. Aufl. Berlin 1930, Sp. 289—297
— Art. Versicherung. In: Manes, Alfred (Herausgeber): Versicherungslexikon. Tübingen 1909, Sp. 1418—1430
— Art. Versicherung. In: Manes, Alfred (Herausgeber): Versicherungslexikon. 3. Aufl. Berlin 1930, Sp. 1731—1738
— Zur Begriffsbestimmung der Versicherung. Rezensionen zu Arbeiten von Benno Krosta, Josef Hupka und Julius Gierke. In: ZVersWiss. Berlin 1910, S. 801—803
— Grundzüge des Versicherungswesens. 5. Aufl. Leipzig und Berlin 1932
— Rezension zu Helpenstein, Franz: Theorie der Versicherung: Privat- und Sozialversicherung, S. 113—114. In: ZVersWiss. Berlin 1931, S. 113—114
— Der umkämpfte Versicherungsbegriff. In: Das Versicherungsarchiv. Monatsblätter für private und öffentliche Versicherung. Wien. Jg. 1930/31. Heft Nr. 11, S. 31—40
— Versicherungswesen. Leipzig 1905
— Versicherungswesen. 2. Aufl. Leipzig und Berlin 1913
— Versicherungswesen. 3. Aufl. 1. Bd. Allgemeine Versicherungslehre. Leipzig und Berlin 1922
— Versicherungswesen. 4. Aufl. 1. Bd. Allgemeine Versicherungslehre. Leipzig und Berlin 1924
— Versicherungswesen. System der Versicherungswirtschaft. 5. Aufl. 1. Bd. Allgemeine Versicherungslehre. 2. Bd. Güterversicherung. 3. Bd. Personenversicherung. Leipzig und Berlin 1930—1932

Matthäus: Das heilige Evangelium Jesu Christi. 7,20

Mellerowicz, Konrad: „Der Absatz." Eine Betrachtung zum zweiten Band des Werkes von Gutenberg „Grundlagen der Betriebswirtschaftslehre". In: ZfB. Wiesbaden 1955, S. 395—400
— Idealtypische und realtypische Betrachtungsweise in der Betriebswirtschaftslehre. Zugleich eine Ergänzung des Aufsatzes: Kostenkurven und Ertragsgesetz. In: ZfB. Wiesbaden 1953, S. 553—567

Mellerowicz: Konrad: Betriebswirtschaftslehre am Scheidewege? In: ZfB. Wiesbaden 1953, S. 265—276
— Kostenkurven und Ertragsgesetz. Zu Gutenbergs These über den Verlauf von Kostenkurven. In: ZfB. Wiesbaden 1953, S. 329—346
— Eine neue Richtung in der Betriebswirtschaftslehre? Eine Betrachtung zu dem Buch von E. Gutenberg: „Grundlagen der Betriebswirtschaftslehre" — I. Band: Die Produktion. In: ZfB. Wiesbaden 1952, S. 145—161

Möller, Hans: Begriff und Einteilung der Versicherung. In: Jahrbuch 1950. Herausgegeben vom Verein für Versicherungswissenschaft und Praxis in Hessen. Frankfurt a. M. 1950, S. 25—38
— Beziehung — Gefahr — Bedarf. Eine theoretische Untersuchung zu Grundfragen des Privatversicherungsrechtes. In: ZVersWiss. Berlin 1934, S. 18—43
— Deckung des Bedarfs. Kurzreferat vor der Abteilung für Versicherungslehre am 7. März 1963. Maschinengeschrieben vervielfältigt.
— Interesse und Bewertung. Praktische Auswirkungen von Grundfragen des privaten Versicherungsrechtes. In: Schweizerische Versicherungszeitschrift. Bern 1948/49, S. 225—237 und S. 289—299
— Zur Terminologie des Versicherungswesens. In: Gegenwartsfragen der Versicherung. Beiträge zur Forschung und Praxis. Berlin 1962, S. 11—18. (Versicherungsstudien. Veröffentlichungen der Kölner Versicherungswissenschaftlichen Vereinigung e.V., Heft 5/6)
— Moderne Theorien zum Begriff der Versicherung und des Versicherungsvertrages. In: ZVersWiss. Karlsruhe und Berlin 1962, S. 269—289

Möller, Rudolf: Über die Unbestimmtheit des Prinzips der Gleichheit von Leistung und Gegenleistung (Äquivalenzprinzip) für die Gestaltung der Sozialversicherung. (Unveröffentlichte Kölner Diplomarbeit 1965)

Morris, Charles W.: Scientific Empiricism. In: Bohr, Niels u. a.: Encyclopedia and Unified Science. Sixth Impression. Chicago and London, S. 63—75
— Foundations of the Theory of Signs. Eleventh Impression. Chicago & London 1964

Moxter, Adolf: Methodologische Grundfragen der Betriebswirtschaftslehre. Köln und Opladen 1957

Nussbaumer, Heinrich E.: Wesen und Grenzen der Versicherung. Zürich 1946

Pap, Arthur: Analytische Erkenntnistheorie. Kritische Übersicht über die neueste Entwicklung in USA und England. Wien 1955

Paulus: Der Brief an Titus. 1,12

von Philippovich, Eugen: Grundriß der Politischen Oekonomie. 1. Bd. Allgemeine Volkswirtschaftslehre. 18. Aufl. Tübingen 1923

Plath, Werner: Art. Verstaatlichung. In: Finke, Eberhart (Herausgeber): Handwörterbuch des Versicherungswesens. Band 2. Darmstadt 1958, Sp. 2398—2401

Popper, Karl R.: Conjectures and Refutations. The Growth of Scientific Knowledge. New York und London 1962
— Die offene Gesellschaft und ihre Feinde. Bd. I: Der Zauber Platons. Bern 1957. Bd. II: Falsche Propheten. Hegel, Marx und die Folgen. Bern 1958

Popper, Karl R.: Das Elend des Historizismus. Tübingen 1965. (Die Einheit der Gesellschaftswissenschaften. Studien in den Grenzbereichen der Wirtschafts- und Sozialwissenschaften. Bd. 3)
— Logik der Forschung. 1. Aufl. Wien 1935. (Schriften zur wissenschaftlichen Weltauffassung. Bd. 9)
— Logik der Forschung. 2. Aufl. Tübingen 1966. (Die Einheit der Gesellschaftswissenschaften. Studien in den Grenzbereichen der Wirtschafts- und Sozialwissenschaften. Band 4)
— On the Sources of Knowledge and of Ignorance. In: Popper, Karl R.: Conjectures and Refutations, S. 3—30
— Three Views concerning Human Knowledge. In: Popper, Karl R.: Conjectures and Refutations, S. 97—119
— Die Zielsetzung der Erfahrungswissenschaft. In: Albert, Hans: Theorie und Realität, S. 73—86

Riebesell, Paul: Begriff, Gegenstand und Grenzen der Versicherung. In: Deutsche Versicherungswirtschaft. Ein Unterrichts- und Nachschlagewerk. Herausgeber: Lencer, Rudolf und Paul Riebesell. Band I. Die Versicherung in der Volkswirtschaft. Berlin 1936—1939, S. 113—128
— Die Berechnung der Prämie in der Sachversicherung (Bericht über einen Vortrag). In: Neumanns Zeitschrift für Versicherungswesen. Berlin 1937, S. 42—44
— Naturalersatz als Grundprinzip der Versicherung. In: Die öffentlichrechtliche Versicherung. Berlin 1932, S. 167.
— Das einheitliche Rechnungswesen in der Versicherungswirtschaft. Hamburg 1937 (RKW-Veröffentlichungen. Nr. 115)
— Ist die Umlage-Versicherung doch eine richtige Versicherung? In: Blätter für Versicherungsmathematik und verwandte Gebiete. Beilage zur Zeitschrift für die gesamte Versicherungswissenschaft. 5. Bd. Berlin 1940, S. 170—181
— Die Versicherung als Leistungsgemeinschaft. In: Deutsche öffentlichrechtliche Versicherung. Berlin 1936, S. 485—489
— Die Versicherungsfähigkeit der 2. Hypothek. In: VW. Karlsruhe 1947, S. 230—231
— Läßt sich die Versicherungsprämie nach der Gefahr abstufen? In: Die Versicherungs-Praxis. Zeitschrift für Versicherungstechnik und Versicherungsrecht, für Feuerschutz, Feuerlöschwesen und Unfallverhütung. Berlin 1937, S. 13—14

Rohrbeck, Walter: Art. Individualversicherung. In: Handwörterbuch der Sozialwissenschaften. 5. Band. Stuttgart, Tübingen, Göttingen 1956, S. 208 bis 211
— Der Begriff der Sozialversicherung und ihre Abgrenzung zur Versorgung und Fürsorge. In: Gegenwartsfragen sozialer Versicherung. Heidelberg 1950, S. 17—32. (Schriften der Hochschule für Arbeit, Politik und Wirtschaft, Wilhelmshaven — Rüstersiel. Heft 1)
— Der Begriff der Versicherung in seiner wissenschaftlichen und wirtschaftlichen Bedeutung. o. O. (1938). Unveröffentlicht. Maschinengeschrieben
— Der Begriff der Versicherung als Erkenntnis- und Erfassungsmerkmal. In: Versicherungswissenschaft, Versicherungspraxis, Versicherungsmedizin. München 1949, S. 16—17

Rohrbeck, Walter: Bemerkungen zu: „Wirtschaftswissenschaftl. Forschungsaufgaben des Versicherungswesens". In: Neumanns Zeitschrift für Versicherungswesen. Berlin 1940, S. 427—429
— Eignung und Aufgabe der Versicherung zur Befriedigung sozialer Bedürfnisse. In: Soziale Sicherung. Stand und Zielsetzung. Berlin, Bielefeld und München 1951, S. 33—51. (Schriftenreihe der Gesellschaft für Versicherungswissenschaft und -gestaltung. Abt. II. Heft 2)
— Einheit aller Versicherung. In: Neumanns Zeitschrift für Versicherungswesen. Berlin 1932, S. 269
— Einiges zur Theorie der Versicherung. In: Wirtschaft und Recht der Versicherung. Beiheft zur Zeitschrift für Versicherungswesen und Feuerschutz: „Mitteilungen für die öffentlichen Feuerversicherungs-Anstalten". Kiel 1913, S. 228—247.
— Wirtschaftswissenschaftliche Forschungsaufgaben des Versicherungswesens. Berlin 1939. (Veröffentlichungen des Berliner Hochschulinstituts für Versicherungswissenschaft. Heft 2)
— Die Gemeinschaftsidee in der Versicherung. In: Die Bank. Berlin 1939, S. 515—518
— Die Geschichte des Versicherungswesens. o. O., um 1943. Unveröffentlicht. Maschinengeschrieben.
— Kritik der sogenannten Thünen-Ehrenbergschen Forschungsmethode. In: Assekuranz-Jahrbuch. Wien 1911. Teil 1, S. 101—122
— Persönlichkeitswert des Menschen in der Versicherung und Gruppenbewußtsein der Versicherten. München 1950
— Die Problematik der „gerechten" Prämie in der Versicherungswirtschaft und die mathematische Wissenschaft. In: Das Versicherungsarchiv. Monatsblätter für private und öffentliche Versicherung. Wien 1942/43, S. 433—456
— Selbsthilfe und Staatshilfe in der Sozialversicherung. Eine theoretische Studie. o. O. und J. Unveröffentlicht. Maschinengeschrieben.
— Sozial- und Singularversicherung grundsätzlich gesehen. In: Arbeit und Sozialpolitik. Baden-Baden, Bonn und Frankfurt/M. 1954, S. 306—309.
— Die Sozialversicherung als Teil der gesamten Versicherungswirtschaft. In: Zentralblatt für Sozialversicherung. Düsseldorf 1948, S. 17—20
— Zur Soziologie des Versicherungswesens. In: Soziologische Forschung in unserer Zeit. Ein Sammelwerk Leopold von Wiese zum 75. Geburtstag. Köln und Opladen 1951, S. 135—139
— Die heutige Stellung der Versicherungswissenschaft an den deutschen Hochschulen. Referat für die Tagung der Versicherungswissenschaftler am 5. 3. 1950 in Köln (Universität). o. O. und J. Maschinengeschrieben. Vervielfältigt
— Die Universalität des Versicherungsgedankens und die Grenzen des Versicherungsschutzes. In: Wirtschaft und Recht der Versicherung. Berlin 1933, S. 81—104
— Die Vergesellschaftung im Versicherungswesen in ihrer wirtschaftlichen Bedeutung und ihrer sozialpsychologischen Wirkung. In: Assekuranz-Jahrbuch, Wien 1916. Teil 2, S. 24—42.
— Weltweite Versicherung. In: Beiträge zur Privatversicherung. Festschrift für Emil Bebler zum 70. Geburtstage. Berlin 1953, S. 9—24

Rohrbeck, Walter: Was ist Versicherung? In: Zeitschrift für die gesamte Staatswissenschaft. Tübingen 1933, S. 464—466
— Die Versicherung als Grundlage einer besonderen Wissenschaft. In: VW. Karlsruhe 1950. Sonderbeilage, S. I—III
— Die Versicherung als wirtschaftspolitisches Problem. In: Entwicklungslinien und Grundgedanken deutscher Versicherung. Festgabe zum 80. Geburtstag von Karl Samwer am 17. April 1941. Berlin 1941, S. 71—86. (Veröffentlichungen des Deutschen Vereins für Versicherungswissenschaft. Heft 68)
— Der Versicherungsbegriff und die Versicherungswissenschaft. Sonderdruck aus „Die öffentlichrechtliche Versicherung" Nr. 9 vom 1. Mai 1932
— Deutsche Versicherungskunde. Ein Grundriß. Teil I. Allgemeine Versicherungskunde. Berlin 1939
— Versicherungs-Technik oder Versicherungs-Wissenschaft. In: Wirtschaft und Recht der Versicherung. Berlin 1912, S. 218—230
— Die Versicherungsunternehmung, ihr wirtschaftlicher Sinn und ihr organisatorischer Aufbau. 2. Aufl. Berlin 1936. (Die Praxis der Versicherungswirtschaft. Heft 1)
— Versicherungswesen und Soziologie. In: Assekuranz-Jahrbuch. Wien 1910. Teil 2, S. 135—159
— Versicherungswesen und Soziologie. In: Ansprachen und Vorträge bei der Eröffnungsfeier des Instituts am 19. Januar 1939 in der Universität. Berlin 1939, S. 47—61. (Veröffentlichungen des Berliner Hochschulinstituts für Versicherungswissenschaft. Heft 1)
— Versicherungswissenschaft und Versicherungswirtschaft. In: Grund- und Zeitfragen der Versicherungswirtschaft und Versicherungswissenschaft. Berlin 1941, S. 35—60. (Schriftenreihe des Instituts für Versicherungswissenschaft der Universität Köln. Heft 1)
— Versicherungswissenschaft und Wirtschaft. In: Die Versicherungspraxis. Berlin und Bonn 1953, S. 65—67
— Ziele und Grenzen der deutschen Versicherungswirtschaft. In: Versicherungswissenschaft, Versicherungspraxis, Versicherungsmedizin. München 1950, S. 227 und S. 257—262
Rohrbeck, Walter und Hans Gert *Lobscheid*: Entwicklung und Stand der Versicherungswissenschaft in Deutschland. In: Die Versicherungsrundschau. Fachzeitschrift für Sozial- und Vertragsversicherung. Wien 1956, S. 193—210
Sandig, Curt: Art. Risiko. In: Nicklisch, Heinrich (Herausgeber): Handwörterbuch der Betriebswirtschaft. 2. Aufl. 2. Band. Stuttgart 1939, Sp. 1464—1471
Schaff, Adam: Einführung in die Semantik. Berlin 1966
Schlie, Ulrich: Versicherungsmäßige und nicht-versicherungsmäßige Elemente in der gegenwärtigen Gestaltung der sozialen Sicherung, insbesondere in der Sozialversicherung. Bericht über eine Sitzung der Abteilung für Sozialversicherung im Deutschen Verein für Versicherungswissenschaft. In: ZVersWiss. Berlin 1963, S. 281—288
— Versicherungsmäßige und nicht-versicherungsmäßige Elemente in der sozialen Rentenversicherung. Bericht über eine Sitzung der Abteilung für Sozialversicherung im Deutschen Verein für Versicherungswissenschaft. In: ZVersWiss. Berlin 1963, S. 53—57

Schmidt, Reimer: Art. Begriff. In: Finke, Eberhart (Herausgeber): Handwörterbuch des Versicherungswesens. Band 1. Darmstadt 1958, Sp. 243—249

— Gedanken zum Begriff der Versicherung. In: Klingmüller, Ernst (Herausgeber): Rechtsfragen der Individualversicherung. Betrachtungen und Probleme in internationaler Sicht. Festgabe für Erich R. Prölss. Karlsruhe 1957, S. 247—255

Schmidt-Rimpler, Walter: Zum Begriff der Versicherung. In: Versicherungsrecht. Juristische Rundschau für die Individualversicherung. Karlsruhe 1963, S. 493—505

— Zur Gesetzgebungstechnik. In: Festschrift für Justus Wilhelm Hedemann zum sechzigsten Geburtstag am 24. April 1938. Herausgeber: Roland Freisler, George Anton Löning, Hans Carl Nipperdey. Jena 1938, S. 75—86

— Über einige Grundbegriffe des Privatversicherungsrechts. Studien zu einem System des Privatversicherungsrechts. In: Beiträge zum Wirtschaftsrecht. Herausgegeben von F. Klausing, H. C. Nipperdey, A. Nußbaum. 2. Bd. Einzelfragen. Marburg 1931, S. 1211—1259

— Zum Versicherungscharakter der Versicherung mit festem Auszahlungstermin. In: Versicherungsrecht. Juristische Rundschau für die Individualversicherung. Karlsruhe 1964, S. 792—798

— Versicherungswirtschaft und Versicherungsrecht. In: Veröffentlichungen des Berliner Hochschulinstituts für Versicherungswissenschaft. Heft 1. Berlin 1939, S. 67—101

Schneider, Erich: Einführung in die Wirtschaftstheorie. IV. Teil: Ausgewählte Kapitel der Geschichte der Wirtschaftstheorie. 1. Bd. Tübingen 1962

Stegmüller, Wolfgang: Das Problem der Kausalität. In: Topitsch, Ernst: Probleme der Wissenschaftstheorie, S. 171—190

— Das Wahrheitsproblem und die Idee der Semantik. Eine Einführung in die Theorien von A. Tarski und R. Carnap. Wien 1957

Topitsch, Ernst (Herausgeber): Logik der Sozialwissenschaften. Köln und Berlin 1965. (Neue Wissenschaftliche Bibliothek 6. Soziologie)

— Probleme der Wissenschaftstheorie. Festschrift für Victor Kraft. Wien 1960

Voigt, Fritz: Die volkswirtschaftliche Bedeutung der Versicherung. In: Vers-Arch., Berlin 1955, S. 89—111

Wagner, Adolph: Bemerkungen über einige Puncte des Versicherungswesens, im Anschluß an die Schrift von Dr. L. Elster, Die Lebensversicherung in Deutschland. In: Jahrbücher für Nationalökonomie und Statistik. Neue Folge. Zweiter Band (Der ganzen Reihe 36. Band). Jena 1881, S. 164—174

— Grundlegung der politischen Ökonomie. 3. Aufl. 1. Theil. 1. Halbband. Leipzig 1892

— Der Staat und das Versicherungswesen. Socialökonomische und socialrechtliche Studie. Tübingen 1881

— Versicherungswesen. In: von Schönberg, Gustav (Herausgeber): Volkswirtschaftslehre. 4. Aufl. 2. Bd., 2. Halbband. Tübingen 1898, S. 355—458

Wöhe, Günter: Methodologische Grundprobleme der Betriebswirtschaftslehre. Meisenheim am Glan 1959

Literaturverzeichnis

Woodger, Joseph H.: The Technique of Theory Construction. Fifth Impression. Chicago & London 1964

Bundesverfassungsgericht, Urteil vom 10.5.1960. In: NJW. München, Berlin und Frankfurt a. M. 1960, S. 1099 f.

Versicherungsmäßige und nicht-versicherungsmäßige Elemente in der gegenwärtigen Gestaltung der sozialen Sicherung, insbesondere in der Sozialversicherung. Kurzreferate, gehalten in der Sitzung der Abteilung für Sozialversicherung im Deutschen Verein für Versicherungswissenschaft am 7. März 1963 in Köln. (Unveröffentlicht)

Erörterungen zum Begriff der Versicherung und zu einzelnen Begriffsmerkmalen. Kurzreferate, gehalten in der Sitzung der Abteilung für Versicherungslehre im Deutschen Verein für Versicherungswissenschaft am 7. März 1963 in Köln. (Unveröffentlicht)

Niederschrift über die Sitzung der Abteilung für Versicherungslehre im Deutschen Verein für Versicherungswissenschaft E.V. München. 1. März 1962. Münchener Rückversicherungs-Gesellschaft. (Unveröffentlicht)

Niederschrift über die 1. Sitzung der Abteilung für Sozialversicherung des Deutschen Vereins für Versicherungswissenschaft E.V. München. 17. März 1961. Sitzungssaal der Allianz Versicherungs-A.G. (Unveröffentlicht)

Niederschrift über die 1. Sitzung des Vorstandes der Abteilung für Sozialversicherung des Deutschen Vereins für Versicherungswissenschaft E.V. Bonn. 3. Juli 1961. Bundesministerium für Arbeit und Sozialordnung. (Unveröffentlicht)

Niederschrift über die 2. (erweiterte) Sitzung des Vorstandes der Abteilung für Sozialversicherung des Deutschen Vereins für Versicherungswissenschaft E.V. Bonn. 10. November 1961. Bundesministerium für Arbeit und Sozialordnung. (Unveröffentlicht)

Niederschrift über die 3. (erweiterte) Sitzung des Vorstandes der Abteilung für Sozialversicherung des Deutschen Vereins für Versicherungswissenschaft E.V. mit der Arbeitsgruppe zu dem Thema: „Versicherungsmäßige und nicht versicherungsmäßige Elemente in der gegenwärtigen Gestaltung der sozialen Sicherung, insbesondere in der Sozialversicherung" am 2. März 1962 in München. (Unveröffentlicht)

Stichwort Herrmann, Emanuel. In: Österreichisches Biographisches Lexikon 1815—1950. Herausgegeben von der Österreichischen Akademie der Wissenschaften. 6. Lieferung. Graz—Köln 1957, S. 291.

Stichwort Postkarte. In: Meyers Lexikon. 7. Aufl. 9. Bd. Leipzig 1928, Sp. 1172

Deutscher Verein für Versicherungswissenschaft. In: VW. Karlsruhe 1959, S. 773

Deutscher Verein für Versicherungswissenschaft e.V. In: VW. Karlsruhe 1960, S. 772

Deutscher Verein für Versicherungswissenschaft E.V. in Berlin. Bericht 1945—1959 und Jahresberichte 1960, 1961, 1963, 1965. Berlin

Deutscher Verein für Versicherungswissenschaft. Colloquium, veranstaltet am 3. März 1964 in Stuttgart. Erörterungen zum Begriff der Versicherung. (Unveröffentlicht)

Deutscher Verein für Versicherungswissenschaft E.V. Erörterungen zum Begriff der Versicherung. Bericht über ein am 3. März 1964 veranstaltetes Colloquium. (Unveröffentlicht)

Deutscher Verein für Versicherungswissenschaft E.V. Die Geschäftsführung. Schreiben aus November 1964 an die Damen und Herren in der Abteilung für Versicherungslehre u. a. mit dem Betreff: Erörterungen zum Begriff der Versicherung. (Unveröffentlicht)

Deutscher Verein für Versicherungswissenschaft E.V. Niederschrift über die Sitzung der Abteilung für Versicherungslehre. Hamburg. 10. März 1965. Unveröffentlicht)

Deutscher Verein für Versicherungswissenschaft E.V. Niederschrift über die Abteilung für Versicherungslehre. St. Gallen. 17. 3. 1966. Hochschule St. Gallen für Wirtschafts- und Sozialwissenschaften. (Unveröffentlicht)

Deutscher Verein für Versicherungswissenschaft. Anregender Verlauf der Jahrestagung vom 6.—8. 3. 1963 in Köln. In: VW. Karlsruhe 1963, S. 219—221

Printed by Libri Plureos GmbH
in Hamburg, Germany